江西财经大学财税与公共管理学院
尚公文库

季俊杰 著

转型期中国高等教育投入结构演进研究

中国财经出版传媒集团
中国财政经济出版社

图书在版编目（CIP）数据

转型期中国高等教育投入结构演进研究／季俊杰著.
－－北京：中国财政经济出版社，2019.12
  ISBN 978－7－5095－9427－8

  Ⅰ.①转… Ⅱ.①季… Ⅲ.①高等教育－教育投资－研究－中国 Ⅳ.①G649.2

中国版本图书馆 CIP 数据核字（2019）第 255275 号

责任编辑：胡 博   责任校对：张 凡

中国财政经济出版社 出版

URL：http：//www.cfeph.cn
E－mail：cfeph@cfeph.cn

（版权所有 翻印必究）

社址：北京市海淀区阜成路甲 28 号 邮政编码：100142
营销中心电话：010－88191537
北京财经印刷厂印刷 各地新华书店经销
787×1092 毫米 16 开 9.25 印张 139 000 字
2019 年 12 月第 1 版 2019 年 12 月北京第 1 次印刷
定价：40.00 元
ISBN 978－7－5095－9427－8
（图书出现印装问题，本社负责调换）
本社质量投诉电话：010－88190744
打击盗版举报热线：010－88191661 QQ：2242791300

总 序

习近平总书记在哲学社会科学工作座谈会上指出，一个国家的发展水平，既取决于自然科学发展水平，也取决于哲学社会科学发展水平。坚持和发展中国特色社会主义，需要不断在理论和实践上进行探索，用发展着的理论指导发展着的实践。在这个过程中，哲学社会科学具有不可替代的重要地位，哲学社会科学工作者具有不可替代的重要作用。

习近平新时代中国特色社会主义思想，为我国哲学社会科学的发展提供了理论指南。党的十九大宣告："经过长期努力，中国特色社会主义进入了新时代，这是我国发展新的历史方位。"中国特色社会主义进入新时代，意味着近代以来久经磨难的中华民族迎来了从站起来、富起来到强起来的伟大飞跃。新时代是中国特色社会主义承前启后、继往开来的时代，是全面建成小康社会、进而全面建设社会主义现代化强国的时代，是中国人民过上更加美好生活、实现共同富裕的时代。

江西财经大学历来重视哲学社会科学研究，尤其是在经济学和管理学领域投入了大量的研究力量，取得了丰硕的研究成果。财税与公共管理学院是江西财经大学办学历史较为悠久的学院，学院最早可追溯至江西省立商业学校（1923年）财政信贷科，历经近百年的积淀和传承，现已形成应用经济和公共管理比翼齐飞的学科发展格局。教师是办学之基、学院之本。近年来，该学院科研成果丰硕，学科优势突显，已培育出一支创新能力强、学术水平高的教学科研队伍。正因为有了一支敬业勤业精业、求真求实求新的教师队伍，在教育与学术研究领域勤于耕耘、勇于探索，形成了一批高质量、经受得住历史检验的成果，学院的事业发展才有了强大的根基。

转型期中国高等教育投入结构演进研究

为增进学术交流,财税与公共管理学院推出面向应用经济学科的"财税文库"和面向公共管理学科的"尚公文库",遴选了一批高质量成果收录进两大文库。本次出版的财政学、公共管理两类专著中,既有资深教授的成果,也有年轻骨干教师的新作;既有视野开阔的理论研究,也有对策精准的应用研究。这反映了学院强劲的创新能力,体现着教研队伍老中青的衔接与共进。

繁荣发展哲学社会科学,要激发哲学社会科学工作者的热情与智慧,推进学科体系、学术观点、科研方法创新。我相信,本次"财税文库"和"尚公文库"的出版,必将进一步推动财税与公共管理相关领域的学术交流和深入探讨,为我国应用经济、公共管理学科的发展作出积极贡献。展望未来,期待财税与公共管理学院教师,以更加昂扬的斗志,在实现中华民族伟大复兴的历史征程中,在实现"百年名校"江财梦的孜孜追求中,有更大的作为,为学校事业振兴做出新的更大贡献。

江西财经大学党委书记

2019 年 9 月

前　言

自20世纪90年代我国全面进入转型期以来，我国高等教育完成了大众化转型，很快将进入普及化阶段。随着高等教育投入的攀升，关于高等教育投入结构是否合理的问题引发了持久的争论。不少研究者认为，我国高等教育经费中财政投入占比过低，表明政府未能充分履行高等教育投资的主渠道职能。这类观点虽不乏道理，但纵观相关研究，大多缺乏明确的转型期理论意识，其研究范式主要是从静态微观视角出发，将论域局限于教育财政领域，而忽视了经济社会转型对高等教育投入结构的影响，因而难以深入探究问题生成与演变的内在逻辑与作用机理，影响了理论认知、政策评价与决策的科学性。

在唯物史观的视野中，作为一种影响深广的教育财政现象，高等教育投入结构是转型期的重要社会历史表征，其生成与演进必然与转型期政治、经济、财政状况紧密关联。因此，只有将高等教育投入结构转型置于转型期社会历史条件的宏观视角下加以动态考察，发掘出隐匿在问题表象下的经济社会结构与高等教育投入结构的互动共振关系，才能摆脱"就事论事"的弊端，得出更富有理论深度与历史洞察力的科学认识。基于此，本书将以转型期理论为视角，采集1992—2015年高等教育投入数据，整理中国经济社会与高等教育转型发展史实，进而对转型期高等教育投入结构的演进路径、演进逻辑、合理性评价和优化对策这四大问题展开系统研究。这有助于对我国高等教育投入的转型之路进行阶段性总结，深化理论认知，也有利于研判未来高等教育投入方向，为今后教育财政决策提供借鉴。

通过本书的研究，有以下几个发现。

第一，从筹资规模看，自20世纪90年代以来，我国高等教育投入增长迅猛,为高等教育跨越式发展奠定了物质基础。1992—2015年高等教育财政累计投入达总投入的半数以上,总体起到了高等教育投入主渠道的作用;个人投入占近三成,是高等教育投入的重要组成部分;社会投入比例极低,急需提高。

第二,从演进趋势看,转型初期个人投入增长最快,其次是社会投入,财政投入增速最慢。2005年以后财政投入增速逐渐压倒个人和社会投入增速,这就导致了转型期高等教育投入结构的演进具有阶段性特征:财政投入占比呈"高—低—高"式的U型波动;而个人投入占比呈"低—高—低"式的倒U型波动,社会投入占比始终在低位运行。

第三,从演进逻辑看,高等教育投入结构的演进深深地嵌入转型期经济社会结构变动之中。具体而言,在转型初期,经济高速增长,高等教育消费能力提升,乃至改革与发展的时代主题,都要求高等教育加速扩张。而国家财力紧张、高等教育历史欠账严重、民间资本羸弱,促成了国家投入占比与个人投入占比的此消彼长。由于学费上涨超出了低收入家庭的承受范围,引发了社会异议,这就为2005年以后和谐社会建设启动和公共财政条件改善之际,高等教育投入结构回归到21世纪初期提供了动因。

第四,从演进合理性看,1992—2005年国家投入占比与个人投入占比的此消彼长是转型期经济、政治、文化和教育等各项社会历史条件综合作用的结果,它是高等教育发展过程中一个不可逾越的历史阶段,总体上促进了生产力的进步,满足人民高等教育需求,具有历史的必然性与合理性。在高等教育扩张过程中,高等教育学费水平不断攀升,加重了低收入阶层的负担,一定程度上影响了高等教育公平,导致了历史合理性与价值合理性的背离。2006年以后,随着和谐社会理念的提出、国家财力的增强和公共财政体系的完善,高等教育财政筹资责任回归,减轻了家庭投入负担,高等教育投入结构的历史合理性与价值合理性趋于统一。

第五,从演进主体的关系看,高等教育财政投入占比是决定高等教育投入结构的关键,从1992年占比高达九成,到2005年仅占四成,再到2015年回归到扩招初期约六成的合理水平,高等教育财政投入占比体现出螺旋式上升的辩证发展特征,带动了高等教育投入结构的变迁。期间财政筹资责任也经历了

"越位—缺位—基本到位"的演变。其演进逻辑可概括为：在公共财政创建期，为改变政府包办高等教育筹资的越位现象，财政开始以高等教育成本分担的形式退出私人领域，但由于财政转型未到位，公共财政职能在高等教育大众化过程中出现某些缺位，政府筹资责任不断弱化。此后，和谐社会的提出与公共财政体系强化了公共财政履责决心和能力，促使高等教育政府筹资责任回归。

第六，从优化方向与对策看，高等教育投入结构并无统一标准，它必须与我国转型期国情相适应，不可盲目照搬他国经验。综合我国当前高等教育发展的任务与实践、高等教育成本分担理论及其财政支出增长的一般规律，今后高等教育投入结构应继续提高财政投入比例，大力增加社会投入占比，进一步降低个人投入占比，以促进高等教育投入结构的价值合理性与历史合理性的耦合。所以社会各界应发挥主观能动性，积累资源，为优化高等教育投入结构创造条件。相关对策包括：保障宏观经济发展，加快现代财政制度建设，严格控制行政管理开支，加强国家财政能力建设；探索建立央企利润计提教育经费机制，推动教育费改税，拓宽教育财政新财源；鼓励教育捐赠和发展民办高等教育，加大高等教育社会投入；等等。

目 录

第一章 绪论 …………………………………………………………（ 1 ）
    第一节 问题的提出 ……………………………………………（ 1 ）
    第二节 研究意义 ………………………………………………（ 4 ）
    第三节 研究现状 ………………………………………………（ 7 ）
    第四节 概念界定 ………………………………………………（ 13 ）
    第五节 研究方法 ………………………………………………（ 17 ）
    第六节 研究路线与内容框架 …………………………………（ 18 ）

第二章 理论基础 …………………………………………………（ 21 ）
    第一节 社会转型理论 …………………………………………（ 21 ）
    第二节 高等教育成本分担理论 ………………………………（ 26 ）
    第三节 唯物史观的基本原理与方法论 ………………………（ 31 ）
    第四节 小结 ……………………………………………………（ 39 ）

第三章 转型期高等教育投入结构演进的路径与特点 …………（ 40 ）
    第一节 数据采集与统计 ………………………………………（ 40 ）
    第二节 统计结果分析 …………………………………………（ 44 ）
    第三节 小结 ……………………………………………………（ 47 ）

第四章 1992—2015 年高等教育投入结构演进的逻辑 …………（ 49 ）
    第一节 1992—2005 年高等教育投入结构演进的背景与历程 ……（ 49 ）

第二节　1992—2005 年高等教育投入结构演进的历史逻辑 ……（53）
第三节　2006—2015 年高等教育投入结构演进的背景与历程 ……（70）
第四节　2006—2015 年高等教育投入结构演进的历史逻辑 ……（74）
第五节　小结 …………………………………………………（76）

第五章　转型期高等教育投入结构演进的合理性评价与历史经验 ……（79）
　　第一节　评价维度：历史合理性与价值合理性 …………………（79）
　　第二节　转型期中国高等教育投入结构演进的合理性评价 ………（82）
　　第三节　一个关于历史合理性的补充论证：转型期中国高等
　　　　　　教育扩张速度是否过快？ ………………………………（83）
　　第四节　转型期高等教育投入结构演进的历史经验 ………………（90）
　　第五节　小结 …………………………………………………（93）

第六章　转型期高等教育投入结构的优化方向与对策 ……………（95）
　　第一节　普及化阶段高等教育投入结构的优化方向 ………………（96）
　　第二节　普及化阶段高等教育投入结构的优化对策 ………………（99）
　　第三节　小结 …………………………………………………（119）

第七章　研究结论与创新 ………………………………………（121）
　　第一节　研究结论 ……………………………………………（121）
　　第二节　研究创新 ……………………………………………（123）
　　第三节　研究局限与展望 ……………………………………（124）

参考文献 ………………………………………………………（125）

后　　记 ………………………………………………………（136）

第一章

绪 论

第一节 问题的提出

一、转型期高等教育发展与经费增长

以 1992 年市场经济体制改革为标志,中国全面步入经济社会转型期。与此同时,中国高等教育也进入了历史上发展最快的时期,学校数量、师资力量、资产规模等主要指标快速增长,办学规模几乎呈指数增长:在 1991 年,市场经济体制改革的前夕,全国普通高校共招收本专科学生 61 万人,在校本专科学生 204 万人,高等教育毛入学率为 3.4%,尚处于精英教育初期阶段;而到 2015 年,即"十二五"计划的收官之年,全国普通高校本专科招生人数已增至约 700 万人,在学总规模达到 3647 万人,居世界首位,高等教育毛入学率达 40%。20 多年间,三项指标分别增长约 11 倍、17 倍和 12 倍,不但完成了高等教育精英化向大众化的历史性飞跃,高等教育普及化也触手可及[①]。如此快的发展速度,不仅在中国高教史上是空前的,在世界范围内也鲜有先例,堪称高等教育领域的"中国奇迹"。

我国转型期高等教育的发展奇迹建立在高速增长的经费投入基础上。它为募集高等教育扩张所必需的各项教育要素,如师资、图书、教学设施设备、宿

---

① 整理自 1992 年和 2015 年《中国教育统计年鉴》。

舍提供了经济保障。1992年全国高等教育经费总额为162亿元，而到2015年，高等教育经费总额已达到9518亿元，名义增幅高达58倍①。即便去除通胀因素，实际增幅也达到近8倍②。这充分反映了举国上下对于高等教育事业的高度重视。

二、转型期高等教育投入结构的变化与争议

转型期高等教育经费虽然保持了长期快速增长，确保了高等教育大众化的实现，但其投入结构一直存在争议，并引发了一系列讨论。根据高等教育成本分担理论，高等教育属于准公共产品，是一种有收益的活动。按照谁受益谁付费的原则，高等教育办学经费应由政府、社会和受教育者等多个主体共同承担。与此相对应，高等教育经费来源多元化在20世纪末成为一个普遍趋势。布鲁斯·约翰斯通认为，自20世纪90年代起，世界范围内高等教育财政改革呈现出明显的相似性，那就是不同发展水平的国家都开始限制高等教育开支，并要求教育受益方分担教育成本。高等教育机构不得不寻求多元化的经费来源，用非政府收入弥补公共财政投入的不足，其措施包括收取学杂费、以有偿资助取代无偿资助、鼓励慈善家捐赠或提供奖学金等③。

20世纪80年代以前，我国长期奉行计划经济体制，高等教育实行免费政策，高校办学经费主要来自财政拨款，其他来源的经费很少。这样的筹资体制给国家财政带来巨大负担，也使高等教育缺乏活力，难以适应经济社会发展的需求。80年代中后期，随着改革开放的深入，我国经济高速发展，客观上要求扩大高等教育规模，单一的财政拨款远不能满足高等教育发展的需要。居民收入水平的提升也为分担高等教育成本提供了条件。1989年国家发布《关于普通高等学校收取学杂费和住宿费的规定》，首次肯定了高等教育成本分担制度，我国高等教育进入低收费、公费与委托自费并存阶段。其后，随着1992年市场经济体制改革的启动，高等教育成本分担力度加大，直至1997年进入全面收费阶段，个人投入开始呈持续增长趋势。与此同时，国家逐步向社会开

---

① 整理自1992年和2015年《中国教育统计年鉴》。
② 引入世界银行公布的1992—2015年中国GDP平减指数进行折算。
③ 布鲁斯·约翰斯通. 高等教育财政与管理：世界改革现状报告 [J]. 高等教育研究，1999 (6).

放教育领域,民办教育被定性为高等教育的重要组成部分,再加上社会捐资办学,社会投入也从无到有地发展起来。自此,高等教育投资渠道单一化的局面被打破,国家、个人和社会投入"三足鼎立"的投入结构基本形成。

上述改革只是实现了高等教育多元化投入体制从无到有的突破,但多元投入体制框架本身并不完善。随着多元化投入格局的形成,高等教育的投入结构,即国家、社会和个人三大主体的投入比例的合理性引起了社会关注。一个普遍且长期存在的观点认为,中国高等教育投入结构存在失调,主要表现为财政投入比例过低,而个人投入比例过高,容易加重群众负担,影响教育公平,所以国家应加大投入力度,以减少高等教育对个人投入的依赖。与此同时,媒体对大学贫困生,以及因贫失学辍学现象进行了广泛报道,引发了社会强烈共鸣。这似乎进一步佐证了我国高等教育学费过高,个人投入比例过大的事实。

三、研究的主要问题

转型期高等教育投入结构失调的观点虽不乏合理之处,但仍然存在两个问题。

第一,高等教育的投入结构不是静态不变的,而是一个随时间序列不断变化的动态过程。即便存在失调现象,也应明确是贯穿转型期始终的"长期性失调",还是仅存在于特定时期的"阶段性失调"。所以,要评价转型期高等教育的投入结构是否合理,首先应对其演进历程进行全面的历史回顾和动态考察。

第二,评价高等教育投入结构是否合理,不仅应明确其评价原理和标准,还应力求实现"价值合理性"和"历史合理性"的统一,这也是历史唯物主义的必然要求。然而以往研究认为高等教育投入结构不合理,理由在于个人投入过高可能影响教育公平,这一判断反映了评价主客体间的价值关系,属于价值合理性评价,却忽略了投入结构的历史合理性问题。

在马克思主义唯物史观视野中,社会历史现象是否合理,不能仅凭个人价值判断,也不宜强求其完美性,而应视其是否符合社会发展规律,是否具有"历史的合理性"。具体而言,社会历史发展是以不断提升的人类实践能力和生产力水平为基础的,生产力和人的全面发展才是社会发展的核心尺度,只要某种社会历史现象能够促进生产力和人的发展,就具有历史的必然性与合理性。同样，作为一种转型期影响深远的教育财政现象，高等教育投入结构是当代中国重要的社会历史表征，其演进路径是难以用偶然因素或个人意志来解释的。相反，它必定与转型期社会历史条件紧密关联。要全面评价转型期高等教育投入结构是否合理，除了价值合理性外，更需要历史合理性的审视。因此，相关研究必须从转型期社会历史条件出发，探求高等教育投入结构演进的历史逻辑，尤其是要厘清投入结构与转型期经济社会发展要求之间的共振关系，只有这样才能摆脱就事论事的窠臼，深入理解这一教育财政史实，而这正是以往研究的欠缺之处。

基于此，本书以转型期中国高等教育投入结构演进问题为研究主题。围绕该主题，本书拟探究转型期高等教育投入结构的演进路径、演进逻辑、合理性评价、优化对策这四个逐层递进的核心问题。

第一，转型期高等教育投入结构如何演进，即明确演进趋势与路径。

第二，转型高等教育投入结构何以如此演进，即明确演进逻辑与动因。

第三，转型期高等教育投入结构演进的合理性如何，即明确演进的历史合理性与价值合理性。

第四，今后高等教育投入结构应如何优化，即明确高等教育普及化阶段国家、社会和个人投入比例的优化方向与措施。

第二节　研究意义

一、理论意义

首先，本书首次提出了"转型期高等教育财政"这一理论命题，拓宽了研究选题的研究视域。我国20世纪90年代全面进入经济社会转型期，高等教育投入结构必然受到转型期政治、经济、社会状况的制约，并呈现出明显有别于其他历史时期的特点。因此，"转型期高等教育财政"可以作为一个独立的研究命题来对待。然而，以往的研究在分析这一时期的高等教育财政状况时，往往局限于特定时点的教育财政领域，而忽略了转型期这一特殊时代背景，导致多数研究缺乏时空范围更为广阔的动态宏观视角的审视，进而对问题的演变、社会根源、动因、合理性等内在规定性产生"见木不见林"的盲区，影响理论认知和决策的科学性。基于此，本书首次将转型理论作为理论视角，对高等教育投入结构进行考察，这是对"转型期高等教育财政"研究的一种有意识的尝试，在理论上具有较强的探索性和创新性。

其次，本书首次评价了高等教育投入结构的"历史合理性"问题，拓展了评价维度。以往的研究对高等教育投入结构合理性的评价，大多立足于价值合理性评价。这种评价视角固然有助于明确教育财政活动与评价主体间的价值关系，但忽视了隐匿在高等教育投入结构问题表象后的经济社会结构，因而难以从根本上认识问题生成与发展的社会历史根源，也不利于指导未来的教育财政改革与实践。而本书从鲜明的社会历史意识出发，力图跳出具体人事细节的道德评判，将高等教育投入结构置于转型期这一背景下加以考察，进而将评价维度拓展至历史合理性评价，不但丰富了认知和评价维度，有助于实现"合目的性"与"合规律性"评价的统一，也使研究成果更富有理论深度和历史洞察力，提高了相关分析与对策的时代性和可行性。

再次，本书首次完整剖析了我国全面进入转型期以来的高等教育投入结构的演进路径与逻辑，丰富了对我国高等教育财政状况的理论认知。20世纪90年代以后，我国高等教育投入结构问题便成为相关学科持久的研究热点。但从研究文献看，以往的研究大多从静态或短期动态角度考察高等教育投入结构，而缺乏长时间尺度的动态观察，因而难以发现高等教育投入结构转型演进的全貌，更难以揭示投入结构的变迁趋势。基于此，本书以1992年全面进入转型期至今20余年间的高等教育投入权威数据为基础，对高等教育投入结构的演进进行了长期动态考察，并力求发掘出转型经济社会结构与高等教育投入结构的同频共振关系，这有利于政府和学界全面认识我国转型期高等教育经费来源的变化趋势，从学理上厘清高等教育投入结构演进的逻辑与动力，完善了对我国当代高等教育财政状况的理论认知，也可以为相关研究提供实证支持。

最后，本书将多种经济学科理论融入高等教育财政研究，有助于形成新的学科交叉点和生长点，推动相关学科的共同进步。本书在探究高等教育投入结构优化问题时，研究多方面融资的合理性与可行性，有助于产生新的学科生长点，同时也可能引起其他看似不与教育相关、实则关联程度很强的新的学科领域的理论开发。例如,可否以及如何在企业管理中提取利润、税收征管中征收教育税用于高等教育发展,均需要相关学科的理论支撑,也有助于促进这些学科的创新与进步。

二、实践意义

首先,本书有助于总结和发现转型期高等教育投入的历史经验与规律,为教育财政改革提供历史借鉴。"以史鉴今"是历史研究的基本功能。新时期高等教育发展及其教育财政改革牵涉面广,难度大,是一项复杂的系统工程,急需从历史经验中汲取智慧。而本书回顾既往高等教育发展及其财政投入的历史,并对其投入变迁的路径、逻辑、合理性与典型经验进行解读和展望,有助于总结和提炼历史经验与规律,检视以往的决策得失,充分发挥历史研究"鉴古知今"的功能,帮助提高决策与改革质量。

其次,本书有助于优化高等教育的投入结构,增强我国高等财政供给的可持续性。高等教育的健康发展不仅需要充足的资金投入,还需要合理的投入结构。若投入结构合理,则意味着国家、社会和个人三方责权利关系明确,出资比例协调,投入机制顺畅,可确保资金供给的可持续性。否则,资金投入将不可持续,或留下诸多社会矛盾和隐患,影响教育公平与效率。在我国社会转型期间,虽然高等教育经费供给有基本保障,但其投入结构仍有待优化,社会争议也比较大。因此,本书提出了高等教育普及化阶段的投入结构优化对策与筹资建议,有助于完善我国高等教育多元化经费筹资体制,多方面拓宽我国高等教育经费来源,提高教育财政供给的稳定性和可持续性。

最后,本书对国际高等教育研究与发展还具有很强的借鉴意义。中国是世界上最大的发展中转型国家,又是 21 世纪高等教育与经济社会发展速度最快的国家之一,其独特的发展经验和模式已引起了世界的关注。在高等教育办学经费普遍紧张的今天,在如何应对经费短缺与社会转型的双重挑战,加快高等教育的发展方面,来自中国的经验和教训,对于世界上多数正处于转型期的发展中国家具有很强的借鉴意义,即使对于发达国家也是一种很好的启示,具有典型案例的价值。因此,本书对我国高等教育投入结构演进与优化、经验与规律进行研究,有助于总结我国高等教育筹资模式的得失,并作为转型期高等教育筹资的"中国案例",为国外高等教育办学和相关研究提供借鉴。

第三节 研究现状

高等教育经费供给是高等教育发展的经济命脉,也是高等教育学、教育经济学和财政学共同关注的热点问题。从研究视角看,高等教育的经费供给又具有"一体两面"性:站在社会立场,它是投入问题;站在高校立场,它是筹资问题。所以,高等教育筹资研究和投入研究都是本书必须予以同等关注的对象。按照研究范围,相关研究大致可以概括为高等教育筹资与投入结构的研究、转型期高等教育筹资与投入结构研究两类,前者与本书具有宏观上的亲缘性,后者关系更为直接。但总体来看,探讨转型期高等教育筹资与投入结构问题的研究并不多,这也从一个侧面反映出本书的创新性。

一、关于高等教育筹资与投入结构的研究

高等教育的投入与筹资结构研究主要探究各种渠道的高等教育经费来源比例。这类研究未明确探讨经济社会转型对高等教育投入的影响,但其研究对象与本书有亲缘性,可为本书提供宏观的研究背景。综合这些研究文献可以看出,在高等教育经费中,财政投入占比下降、个人投入和社会投入上升、高等教育经费来源日益多样化已经成为国内外高等教育发展的共同趋势。

(一)国际高等教育筹资来源与投入结构研究

从国际上看,世界高等教育已进入大众化和普及化发展进程中,不断扩大的办学规模使得高等教育经费短缺成为世界性的问题。萨缪尔森的公共产品理论、约翰斯通的高等教育成本分担理论、舒尔茨的人力资本理论为高等教育经费来源的多元化提供了理论依据,这些学者以微观经济分析为基础,对教育投资的私人成本和收益、社会成本与收益进行了分析。根据成本分担原则,高等教育投资应在政府、企业和个人之间分担的观点已被世人普遍接受。20世纪90年代,高等教育经费来源多元化成为普遍趋势。

在世界各国中,以美国高等教育最为发达,其资金来源明显多样化,筹资经验也最为丰富,因而受到广泛关注。张继华(2009)认为,美国高等教育

筹资的主要经验是经费来源多元化。它增强了高校经济承受能力，可以协调政府、企业、社会与高校的关系，提高资金效率，而且鼓励高校竞争经费来源，提高了高校的社会适应力和服务意识①。孙羽迪（2009）分析了美国高等教育经费来源渠道：政府投入来自于联邦、州、地方三级政府；学杂费是高等教育经费的主要来源，特别是私立高校，学杂费比重居首位，但公立大学学杂费很低；社会捐赠收入、销售及服务收入②。徐伶俐（2012）的研究也得出了类似结论③。

除美国外，其他发达国家的筹资经验也颇受关注。易红郡（2012）指出，20世纪80年代英国削减高等教育经费，迫使高校走向市场化筹资之路。实行成本分担、改革拨款方式、拓宽筹资渠道、招收自费海外留学生等举措弥补了经费不足，增强高校活力和独立性④。霍启红（2008）指出，日本的高等院校分为国立、公立和私立，其经费分别由国家财政、地方财政和学校法人负担。私立学校主要经费来源是学费，但政府也通过财政资助私立学校；澳大利亚高等教育经费来源主要是政府拨款、学费、学校销售和服务收入、招收海外留学生等。此外，为加大个人补偿比例，日本、美国、英国、西班牙等国家提高了学杂费、考试费和食宿费标准，对继续教育短期课程全部收费⑤。梁显平（2018）认为，西方大学筹资的制度保障、捐赠文化培育、大学基金运行管理值得我国大学借鉴⑥。

在与发展中国家的比较方面，孙玉霞（2008）研究指出，印度高等教育几乎由政府免费提供，家庭投入很少。政府经费主要来自中央和联邦政府，地方政府投入逐步加大。政府经费分计划内拨款和计划外拨款，前者用于发展型项目，后者用于经常性项目。私人捐赠在印度高等教育经费中占有重要份额，

---

① 张继华. 美国高等教育经费筹措经验分析 [J]. 黑龙江高教研究，2009（10）：83－86.
② 孙羽迪. 美国高等教育经费来源及启示 [J]. 现代教育管理，2009（7）：98－100.
③ 徐伶俐. 美国高等教育经费来源对我国的启示 [J]. 太原师范学院学报，2012，11（6）：117－119.
④ 易红郡. 英国高等教育市场化趋向：经费筹措视角 [J]. 清华大学教育研究，2012，33（3）：89－97.
⑤ 霍启红，张莹. 高等教育经费筹措的国际比较研究 [J]. 继续教育研究，2008（1）：72－73.
⑥ 梁显平，洪成文. 西方发达国家高等教育社会筹资：经验、特点及趋势 [J]. 比较教育研究，2018，40（3）：98－105.

国家力争使捐赠人与学校双方获利[①]。

在高等教育投入结构方面，晏成步（2014）对世界13个国家的高等教育经费来源进行统计后发现，以美国、加拿大为代表的北美国家，其经费来源具有多元化特点，民间投入比重较大；以英国、法国、德国为代表的西欧国家长期视高等教育为公共产品，规模扩张主要依赖公立大学，实行免费入学，经费以财政投入为主，但20世纪80年代后大学开始面向市场办学。以日本、韩国为代表的东亚国家20世纪后半期加大了财政支出，但更多是依靠市场发展私立高等教育，吸纳社会资金和收取学费，民间支出为财政投入的两倍以上。从总体上看，高等教育规模扩张初期，财政投入充当高等教育筹资的主渠道。至20世纪末期，发展中国家和发达国家普遍减少了公共财政投入。为保障高等教育质量，大学通过缩减经费预算、裁员、学费上涨、对海外留学生全成本收费等方式来弥补经费不足[②]。

(二) 中国高等教育筹资与投入结构研究

我国早期的高等教育投入研究始于20世纪90年代。如陈良焜在1994年分析了中国高等教育经费的来源多元化的结构、发展趋势及各个渠道发挥的作用和潜力[③]。丁小浩在1996年研究了高等教育财政危机、成本补偿的模式、能力和意义[④]。21世纪以后，国内研究更加丰富，其主要内容可以分为关于高等教育筹资研究和高等教育投入比例研究两类。

在我国高等教育筹资研究方面，我国以马陆亭为代表的学者，主张在我国高等教育财政投入不足，而高等教育需求却不断上升的情况下，应采取多样化的办学模式，大力发展民办教育，吸收社会资源，扩大高等教育的社会投入，以满足社会对高等教育的需求。

孙羽迪（2009）提出了保障政府对高等教育经费投资的主体地位，适度降低个体高等教育负担程度，完善捐集资制度，增加捐赠收入，探索多种投资

[①] 孙玉霞，郭荣智．当前高等教育经费筹措及其财政对策：基于中印两国的比较分析 [J]．财会研究，2008（19）：10-13．

[②] 晏成步．高等教育筹资渠道多元化：背景、现状与国际经验 [J]．教育与经济，2014（3）：58-65．

[③] 陈良焜．中国高等教育经费来源分析 [J]．教育研究，1994（4）：46-51．

[④] 丁小浩．高等教育财政危机和成本补偿 [J]．高等教育研究，1996（2）．

融资方式,扩大其他收入来源的筹资建议①;张安富提出了完善学生贷款制度,争取国际资金投入,积极发展产、学、研合作的建议②。吴慧(2010)认为,我国高等教育经费筹措存在生均教育经费过低、销售和服务收入形式单一、社会对教育的捐赠数量较少且不稳定、留学生人数相对过少的问题③。

此外,还有部分学者提出了发行高等教育券和教育彩票,成立教育发展银行,征收教育税,改革高等教育经费拨款制度等构建新筹资渠道的建议,但这方面的研究争议较大,还有待进一步论证。总体来看,学者们一致的观点是:实行投入主体多元化,多渠道筹措高等教育经费,政府、高校、家庭和社会共同分担高等教育成本是大势所趋。

在高等教育投入比例的研究方面,以袁连生、王善迈为代表的学者分别从财政主渠道和学费的角度进行了研究。他们均认为,学费应该是高等教育成本的一部分,而不应等于成本或高于成本,而且个人和家庭无法承担无限上涨的学费,所以学费作为高等教育经费来源,其规模是有限的。因此,个人投入不能作为高等教育经费的主要渠道,其占比也不宜再提升。

孙玉霞(2008)认为,我国高等教育经费来源变化呈现以下特点:第一,国家财政性经费投入仍是我国高等教育经费的主要来源;第二,社会团体和公民个人办学经费有较大增长,社会办学经费一定程度上弥补了财政性经费的下降;第三,学杂费所占比例上升快;第四,社会筹资渠道不畅,社会捐集资办学经费总额不升反降④。徐美娜(2010)研究认为,我国政府是高等教育成本的主要分担者,个人及家庭分担高等教育成本的比例迅速提高,企业、社会分担高等教育成本虽略有增加,但比例仍然很低。高等学校自身分担教育成本的比例很小⑤。

王贤、李枭鹰(2014)对2001—2011年高等教育经费来源进行研究后认

---

① 孙羽迪. 美国高等教育经费来源及启示[J]. 现代教育管理, 2009 (7): 98-100.
② 张安富,黄艾. 美国多元化经费投资体制对我国高等教育经费来源的启示[J]. 黑龙江教育(高教研究与评估版), 2005 (Z2): 58-60.
③ 吴惠,刘志新. 我国高等教育经费筹措现状及国际比较[J]. 陕西师范大学学报:哲学社会科学版, 2010, 39 (1): 165-169.
④ 孙玉霞,郭荣智. 当前高等教育经费筹措及其财政对策:基于中印两国的比较分析[J]. 财会研究, 2008 (19): 10-13.
⑤ 徐美娜. 高等教育成本分担理论中国化研究[J]. 山西财经大学学报, 2010, 13 (2): 20-24.

为，进入21世纪后，我国高等教育成本分担仍以国家分担为主，其分担比率在60%左右浮动，其变化趋势是逐步下降而后又逐步上升；个人分担比率呈现先逐步上涨而后逐步下降的趋势，其最高比率与最低比率相差近10个百分点。社会分担比例最低，近10余年最高值不超过2%，最低数值不到1%，而且发展态势非常不稳定①。

二、关于转型期高等教育筹资与投入结构的研究

转型期高等教育投入与筹资结构研究不但探讨了高等教育经费来源比例，还对经济社会转型与高等教育投入结构的关系进行了探讨。这类研究在选题上与本书直接相关。但笔者在中国知网检索后发现，转型期高等教育虽颇受学界关注，但其研究对象大多是转型期高等教育的制度、发展战略、责任与功能、高校改革等问题，对于高等教育经费投入问题关注很少，相关文献十分稀缺，研究也不够深入，有的还比较陈旧。这表明，转型期高等教育投入结构问题尚未引起学界的充分关注。

在相关研究中，张培丽的研究（2008）与本书相关性较强。张培丽对1997—2005年的高等教育投入结构进行考察后认为，我国高等教育基本形成了以政府投入和学杂费为主的相对多元化筹资模式。通过与美国的对比发现，我国政府资金比重下降、学杂费比重上升、其他渠道开拓不畅的趋势必须得到改变，但在转型经济时期，增加政府资金和提高学费双双受到转型期财政收支矛盾与居民收入水平的约束。我国急需形成高校捐赠文化并鼓励社会团体和个人办学，加强高校社会融资能力建设，提高高校资金使用效率，从而建立起适应转型经济特征的高等教育筹资模式②。

刘晔（2011）对1999—2006年高等教育经费来源进行分析后发现，我国以财政投入为主，学杂费收入为辅的高等教育多元化投入模式初步形成，其运行特征表现为财政投入比例下降，个人投入增长过快，社会投入偏低，高校科教优势不显著。我国高校面临着转型期财政投入和学费增长受限，高校融资困难的挑战。今后应采取完善教育捐赠机制，引入资本融资机制，提高资金使用

---

① 李枭鹰，王贤. 中国高等教育经费来源的变化趋势［J］. 现代教育管理，2014（9）：42-48.
② 张培丽. 经济转型时期我国高等教育筹资模式研究［J］. 财贸经济，2008（4）：79-84，110.

效率的优化措施①。但其对转型期特征的分析还不够深入。吴秋凤（2008）对黑龙江高等教育投入状况进行了分析，但其研究内容主要针对黑龙江地区，社会转型分析也基于针对振兴东北老工业基地战略转型的特殊背景，研究结论缺乏全局性和一般性②。此外，王丹中（2004）的博士论文对转型期中国教育投资制度进行了论述，其研究虽对高等教育有所涉及，但多数论述偏宏观，对转型期经济社会与高等教育投入的关系着墨不多③。

三、文献分析与评述

上述文献虽不乏价值，但仍存在以下几个问题。

第一，高等教育筹资与投入问题颇受学界关注，但关于转型期高等教育投入问题的研究仍比较稀缺。文献研究发现，教育经济学、财政学、公共管理学大量文献围绕高等教育投入与筹资问题展开，长时期、多人次、多领域、多视角、较深入的研究，为我国高等教育投入体制改革提供了学理支撑，但总体上看，多数研究从静态或短期动态角度展开，缺乏长时间尺度的动态观察和完整的历史数据，而且局限于教育财政领域，忽略了中国的转型期背景，因而缺乏对问题的宏观背景和社会历史发展动因的分析，表明相关研究还有待深入展开。

第二，我国高等教育投入结构合理性存在争议，但相关研究大多缺乏历史合理性考察。我国高等教育投入来源结构是否合理存在较多争议，但这些研究大多对投入结构演进的价值合理性关注较多，却忽略了对其演进逻辑和历史合理性的考察，评价维度和结论存在片面性。

第三，高等教育经费紧张影响高等教育发展，许多高等教育新筹资措施有待进一步讨论。在财政投入不足，学费增长受限的条件下，如何更好地筹集办学经费，是目前学界亟待解决的问题。从研究现状看，尽管相关研究不少，但对于如何合理筹集高等教育经费，多数研究仍缺乏充分的可行性分析和可操作

---

① 刘晔. 我国经济转型期的高等教育投入模式及优化［J］. 山东理工大学学报（社会科学版），2011，27（3）：17-20.
② 吴秋凤. 转型时期黑龙江省高等教育投入制度研究［J］. 理论探讨，2008（1）：87-90.
③ 王丹中. 转型期中国教育投资制度研究［D］. 南京师范大学博士论文，2004.

性内容；而且，许多曾被学界热议的高等教育新财源，如教育税、教育彩票、教育公债或成立教育发展银行等，仍存在较多争议。首先，教育部原副部长张保庆 2007 年透露，"中国公益事业应该由政府主办，中央并不同意发行教育彩票"①；其次，我国彩票公益金和国债本来就可直接用于教育，不需要发行专项的教育彩票和公债（王莹，2005）；再次，现有税制可以满足教育发展需要，无须开征新的教育税种（史静寰，2008），而且教育税征收难以操作（高培勇，1997；沈红，2009）；最后，在深化金融体制改革的大背景下，我国原有的三大政策性银行都已实现商业化转型，在这一背景下，成立新的政策性教育银行明显与政策趋势不合。这些问题表明，相关对策还有待进一步论证。

基于此，本书将对中国转型期高等教育投入结构演进的路径、逻辑、合理性与经验、优化方案与操作办法等问题进行全面考察，以弥补相关研究的不足。

第四节 概念界定

一、"社会转型"与"转型期"

从字面意义上说，"社会转型"，是指人类社会由一种存在类型向另一种存在类型的转变，它意味着社会系统内在结构的变迁，以及生产方式、生活方式、心理结构、价值观念等各方面全面而深刻的革命性变革②。"社会转型"范畴来自西方社会学的现代化理论，它是对生物学"transformation"概念的转用。西方社会学家借用该概念来描述社会结构具有进化意义的转换和性变，说明传统社会向现代社会的转换。

社会转型实质上是人类社会根本的制度性变革。它造就了一个制度和性质上完全有别于传统社会的现代社会，因而客观上形成了一种由传统社会发展模式向现代社会发展模式转变的历史图景。"这种整体的社会模式转型主要体现

---

① 张保庆. 中央不同意发行"教育彩票". http://news.163.com/07/1221/11/4080DG5E000120GU.html.
② 徐家林. 社会转型论[M]. 上海：上海人民出版社，2011.

在三个方面：经济领域由非市场经济模式向市场经济模式的转型；政治领域由集权政治制度向现代民主政治制度的转型；文化领域由过去封闭、单一、僵化的传统文化向当今开放的、多元的、批判性的现代文化的转型。事实表明，这三个领域的变革体现了转型过程中诸多纷繁复杂的社会现象和变化背后的内在的、必然的、本质的联系和内容。尽管各个国家和民族社会转型的具体方式不同，发生的变化各种各样，出现的问题也千差万别，但是它们所追求的价值目标和内容却有着共同之处，即现代市场经济模式、民主政治制度及与之相适应的现代思想文化和价值观念。"

所谓"转型期"，顾名思义，是指发生社会转型的时期。我国近代以来，发生过多次社会转型。我国理论界的共识是，中国百年来有三次大规模的社会转型：第一次是以辛亥革命为标志的近代转型，它结束了长达2000多年的封建帝制；第二次是以1949年新中国成立为标志的现代转型，中国开始实行社会主义制度；第三次则是以1992年市场经济体制改革为标志的当代社会转型。我国学界对社会转型期的研究，主要集中于第三次社会转型，即当代社会转型。

在当代，对于广大发展中国家来说，社会转型通常是指由非市场经济社会向市场经济社会的转变。而在我国，也正是从20世纪90年代市场经济体制改革起，中国开始由计划经济国家向社会主义市场经济国家转变。市场经济改革成为我国社会转型加快的标志。由于本书将高等教育投入结构演进的起始点限定在1992—2015年，而这一阶段正是我国市场经济体制改革带来社会巨变的阶段，因此，本书所使用的"转型期"概念，若无特别指定，即指以1992年市场经济体制改革为起点的市场经济转型期。

二、"高等教育投入结构"

高等教育的投入结构是本书的主要研究对象。文中所说的"高等教育投入"，是指各种社会组织及其个人投入各级各类高等学校发展的资金。而各级各类高等学校，既包括公办高校，也有民办高校；既有普通高校，也有成人高校。

"高等教育投入结构"，又叫"高等教育投入的来源结构"，它包括两种含义：其一，是指以来源项目划分的资金比例结构，即投入的"项目结构"。随着社会主义市场经济体制的逐步建立,中国高等教育经费形成了多渠道筹措的基本格局。其中包括"政府拨款、教育费附加、学杂费、校办产业和经营收益用于教育的经费、个人和社会组织的捐赠、教育基金、承接科研课题或与企事业单位进行科研合作所取得的收入、学校贷款和从资本市场上取得的利息收入等,简称为'财、税、费、产、社、基、科、贷、息'"①。其二,是指以高等教育成本分担主体划分的资金比例结构,即高等教育投入的"主体结构"。按照最常见的划分方法,高等教育成本分担主体包括国家、社会和个人,相应地,就形成了高等教育的财政投入、社会投入和个人投入②。

在本书中,"高等教育投入结构"采用的是第二种界定方法,即指高等教育投入的主体结构。相应地,本书要探究高等教育投入结构,其实质就是要探究财政投入、社会投入和个人投入在高等教育经费中的比例结构。

三、"财政投入""社会投入"与"个人投入"

(一)高等教育的财政投入

高等教育财政投入又叫高等教育财政性经费。一般来说,它是高等教育经费的主要渠道,反映国家对高等教育的投入和重视程度。按照权威部门定义的统计口径,我国高等教育的财政性经费来源主要包括四项:国家财政预算内教育经费,各级政府征收用于教育的税费,企业办学校教育经费,校办产业、勤工俭学和社会服务收入用于教育的经费。根据《中国教育经费统计年鉴》的定义,各项指标的内涵分别如下。

1. 财政预算内教育经费

财政预算内教育经费指中央、地方各级财政或上级主管部门在本年度内安

---

① 刘新丽. 我国高等教育投资体制改革的回顾与前瞻[J]. 大学教育科学,2010(4):43-48.
② 需要指出的是,有的研究者从强化高校筹资能力建设的角度,将高校也作为一种投入主体,进而形成了国家、社会、高校和个人四种投入主体。但这种归类方法忽视了高校投入的主要来源仍然是国家、社会和个人,因而很容易造成资金归属的混乱,导致重复计算。例如,社会捐赠理应属于社会投入,但按这种归类方法又会纳入高校投入。又如,学杂费通常被视为个人投入,但它同时又是学校事业收入的一部分,按这种归类方法也应属于学校投入。此外,学校创收投入本应属于学校投入,但在我国教育统计口径中,"校办产业、勤工助学和社会服务收入中用于教育的部分"一直属于财政性教育经费,即财政投入,也会造成重复计算。基于此,在本书中采用了投入主体"国家—社会—个人"的三分法,而不是四分法。

排，并划拨到教育部门和其他部门主办的各级各类学校、教育事业单位，列入国家预算支出科目的教育经费。包括：①教育事业费拨款，指列入国家预算支出科目第13类的"教育事业费"拨款数。②科研经费拨款，是指高等学校从中央和地方取得的属于财政性拨款的科学研究经费，通常指纵向科研经费，包括教育部（地方教育行政部门）、国家（地方）发展改革委、科技部（地方科技部门）和各行业主管部门下达的科学事业费和科技三项费用等。属于财政教育事业费安排的科研经费拨款，应在教育事业费拨款中填列。③基建拨款，包括"教育基建"和"部门基建中用于学校和教育事业单位的经费"。教育基建，指列入各级计划部门基建计划，并由建设银行限额拨款的教育部门所属各级各类学校和教学仪器厂等企事业单位的基建财务拨款。部门基建支出中用于高等学校、中专、技校的经费，指列入各级计划部门基建计划，并由建设银行限额拨款的其他各部门举办的高等学校、中专、技校的基建财务拨款数（不含单位自筹基建部分）。④其他经费拨款，是指除教育经费拨款、科研经费拨款、城市教育费附加以外的其他属于财政性的经费拨款，包括专项拨款和非专项拨款，如公费医疗经费、住房改革经费等。

2. 各级政府征收用于教育的税费

各级政府征收用于教育的税费是指中央和地方各级政府为发展教育事业而指定机关专门征收，并划拨给教育部门使用的实际数额。具体包括：①城市教育费附加，指按照国家规定向缴纳增值税、营业税、消费税的单位和个人，按三税的规定比例征收的教育费附加。②农村教育事业费附加，指各级政府确定的按乡（村）企业利润（或销售收入）的一定比例征收的农村教育事业费附加。③地方教育附加费，指地方各级政府根据《教育法》的有关规定，在征收城市教育费附加和农村教育事业费附加以外，开征的用于教育的税费：投资方向调节税教育费附加和按职工工资的一定比例征收的教育费，以及征收用于教育的旅馆床位附加费、社会集团购买专控商品附加费、宴席税费等。

3. 企业拨款

企业拨款指中央和地方所属国有企业在企业营业外资金列支或企业自有资金列支而拨给所属学校的经费。

4. 校办产业、勤工俭学和社会服务收入用于教育

校办产业、勤工俭学和社会服务收入用于教育指校办产业、勤工俭学、社会服务收入中用于补充教育经费的部分和在教学、科研及其辅助活动之外,开展非独立核算经营活动取得的收益中用于补充教育经费的部分,即经营收入的结余、附属单位交款和其他收入中对校办产业投资收益之和。

(二) 高等教育的社会投入

高等教育社会投入反映的是社会各界投入高等教育的资金。它主要包括民办高校中举办者投入和社会捐赠经费两方面的资金。按现行的统计口径,前者指办学的单位或公民个人投入民办学校的办学经费;后者指城镇、农村、厂矿、企事业单位和个人根据自愿、量力的原则捐集资助学,以及海外侨胞、港澳台胞、外籍团体、友好人士等对教育的资助和捐赠。

(三) 高等教育的个人投入

高等教育的个人投入指学生个人及其家庭为接受高等教育而投入的经费,主要体现为学杂费①。

第五节 研究方法

根据本书的研究目的,本书选用以下方法开展研究。

第一,文献法。本书所涉时间跨度大,地域范围广,学科综合性强,需要查阅大量文献。在本书中已查阅的国内外文献包括:关于高等教育财政学、高等教育学、教育经济学、社会转型理论、唯物史观的基础文献;1992—2015年的高等教育经费和经济社会发展的统计资料和年鉴、关于高等教育筹资渠道与投入结构的研究文献、国内外关于社会转型的理论与实践资料、关于转型期中国经济发展与公共财政状况的政策文本、政府公报和理论研究;等等。这些文献为本书提供了必要的理论基础、分析工具、研究资料和基本观点,也确立了本书的起点和创新点。文献研究的结果渗透在本书的各章节,并在本章"文献综述"和第二章"理论基础"中有相对集中的反映。

---

① 2014 年《中国教育经费统计年鉴》,第 611—613 页。

第二，历史研究法。本书是关于社会转型期高等教育投入结构的研究，在某种意义上，也是对我国当代高等教育财政史的研究。因此，本书必然涉及历史研究法。从方法论角度看，本书将采用历史唯物主义方法论，将中国高等教育投入结构的演进置于社会转型期这一特定社会历史背景下加以考察，探究高等教育投入结构演进与转型期社会历史条件的相互关系，总结其历史合理性与经验教训。作为一种具体研究方法，历史研究法是借助史料进行整理、分析和破译，认识研究对象的发展历程，揭示其发展规律并预测未来的一种研究方法。本项目要进行的史料研究包括但不限于：1992—2015年高等教育投入与经济社会发展数据、历年出台的重要公共财政政策和高等教育改革政策文本、经济社会转型与高等教育发展的标志性史实（诸如邓小平南方谈话、亚洲金融危机、高等教育成本分担、高等教育扩招、"和谐社会"的提出背景、党的十八大以后中国经济社会新形式新发展等），等等。

第三，统计测算法。数据测算与统计是本书的一项重要工作。本书应用的统计方法包括描述统计和算术统计两种。主要统计工具是Excel。运用描述性统计整理数据，反映1992—2015年高等教育规模扩张、投入规模与投入结构变动、GDP与收入增长趋势等情况；算术统计历年经济指标增长率，可能存在的公共教育新财源的供求关系等，并制作成各类图表，以增强对研究对象的直观认识。

第四，比较法。从历史发展背景到具体数据，再到政策与制度，都是本项目要着力进行国际比较的地方（前提是注重可比性与不可比性的说明与转换）。例如，将我国当前高等教育投入水平与结构分别与发达国家历史同期、发展中国家近期进行国际比较，查找优势与不足；查找高等教育发达国家的高等教育发展与筹资经验等。

第六节 研究路线与内容框架

本书以"基本理论→演进路径与逻辑→合理性→优化对策"为主线。研究路线如图1-1所示。

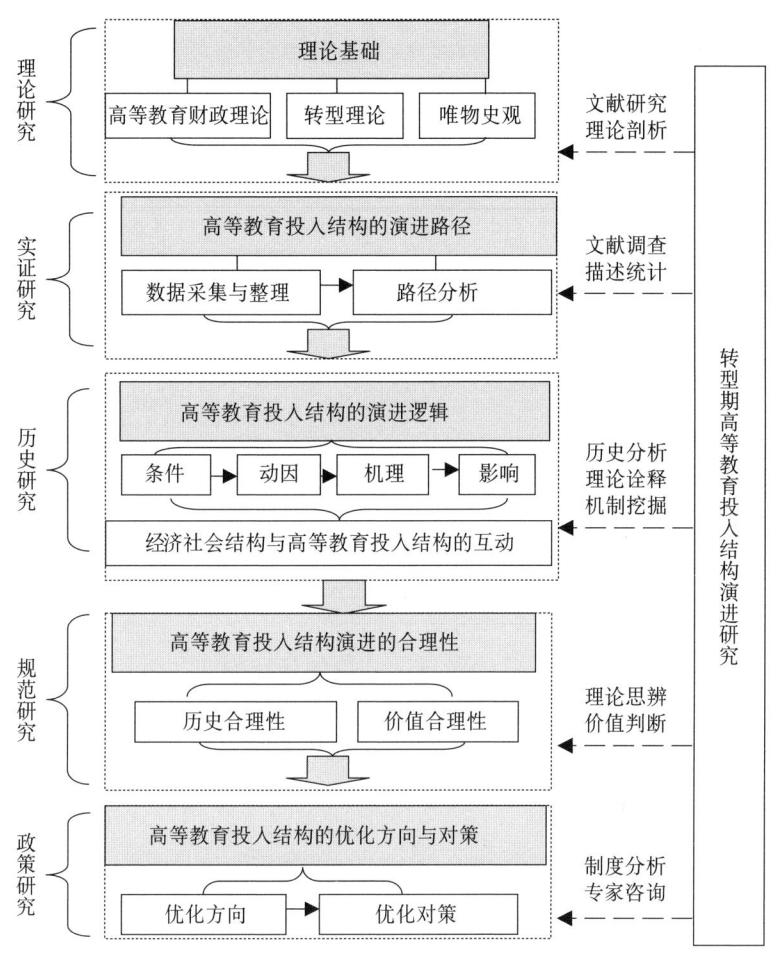

图 1-1 本书的研究结构

除第一章外,本书的章节安排如下。

第二章,理论基础。包括转型期理论、高等教育财政理论和唯物史观。转型理论是本书统摄全篇的理论视角,并应用于分析转型期经济社会结构及其与高等教育投入结构的关系;高等教育财政理论是分析转型期高等教育财政状况的理论基础,其中高等教育成本分担理论应用于研判高等教育投入结构的合理性及其优化方向;唯物史观为本书提供了历史观和价值归宿。其中历史合理性原理将应用于评价高等教育投入结构演进的历史合理性。

第三章,转型期高等教育投入结构演进的路径。收集整理 1992—2015 年高等教育投入数据，对其进行描述性统计，最终形成国家、社会和个人的投入规模和比例数据，绘制演进路线图，以揭示转型期高等教育投入结构的演进路径及其时间节点，进而解答"转型期中国高等教育投入结构如何演进"之问题。

第四章，转型期高等教育投入结构演进的逻辑。整理我国转型期各阶段史实，再从社会历史条件、演进动因、作用机理、效应四条路径切入，探求经济社会结构与高等教育投入结构之间的共振关系，以揭示转型期各阶段高等教育投入结构演进的社会历史逻辑，进而解答"转型高等教育投入结构何以如此演进"之问题。

第五章，转型期高等教育投入结构演进的合理性评价与历史经验。基于前文的研究，从历史合理性与价值合理性两方面，综合评价我国高等教育投入结构演进转型的合理性，并总结历史经验，进而解答"转型期高等教育投入结构演进的合理性如何""有何历史经验"之问题。

第六章，高等教育普及化阶段投入结构的优化对策。运用政策研究方法，以高等教育成本分担之"收益、能力、效率、公平"原则为理论基础，综合财政支出增长理论与我国高等教育发展形势与需求，从经济、社会、财政、高等教育发展等方面，探究高等教育普及化阶段投入结构的优化方向和具体办法，进而解答"如何优化转型期高等教育投入结构"之问题。

第七章，研究结论。总结全文，主要包括研究结论、研究创新与研究展望。

第二章

理论基础

由于本书的理论基础需占用较大篇幅。为保持各章内容的平衡,因而专辟一章予以集中论述。本章第一、二、三节分别介绍社会转型理论、高等教育成本分担理论和马克思主义唯物史观,第四节为小结。

第一节 社会转型理论

社会转型理论起源于西方,20世纪90年代传入中国,目前已成为研究中国现代化社会变迁的理论支点。由于本书将高等教育投入结构演进的起始点限定在1992—2015年,而这一阶段正是我国市场经济体制改革引致社会巨变和转型的阶段,因此,本书采用了"社会转型"理论作为解读我国市场经济转型对高等教育投入结构变迁影响的理论视角。

一、西方社会转型理论的演进

社会转型理论是社会历史进步和发展理论的一个中心论题,但到了文艺复兴时期,这一主题才首先在西方史学理论和历史哲学中明朗起来,并先后经历了经典理论时期、实证研究时期和理论转向时期等三个时期[①]。

经典理论时期是从19世纪中叶到20世纪前叶。当时西方学术界就社会转型的理论基础(包括社会进步的概念、转型进程及其机制、转型类型和目标

[①] 孙慕天,刘玲玲. 西方社会转型理论研究的历史和现状 [J]. 哲学动态, 1997 (4): 42-47.

等）进行了探讨，确立了转型理论的论域，建立了研究的主题，制定了基本的方法论。这一时期的核心观念是经典进化主义。孔德（A. Comte）和斯宾塞（H. Spenser）是奠基人。摩尔根（L. Morgan）提出了一种基于技术进步机制的转型理论，杜克海姆（E. Durkheim）着眼于从具体的社会实在域探求社会转型的机制。滕尼斯持一种非进步的进化观，断定社会转型的结果是人生存条件的恶化。

20世纪30年代以后，西方社会转型理论进入了实证研究时期。以斯宾格勒（O. Spengler）和汤因比（A. J. Toynbee）为代表的形态史学兴起，他们认为每种文化类型的演化特点各不相同，各有其发展道路，并对经典转型论的欧洲中心主义一元论提出了挑战，建立了多元文化史观。50年代以后，西方社会转型理论研究转向社会学、考古学、人种学和历史编纂学等实证科学领域，试图以经验成果为依据，寻求对经典的线性一元转型观念的支持，这一研究导向被称为"新进化主义"。其中，文化人类学派的代表人物怀特（L. White）、斯图尔特（J. Steward）等，试图在肯定和承认文化多元性的前提下，寻求其内在本质的同一性，从而维护经典转型论的一元化假定。社会学派转型论的主要代表是帕森斯（T. Parsons）。他承认结构变迁的路线是非线性的，肯定在每个水平上"都包含不同形态和类型的大量变种"。但是，他仍然在普遍的意义上维护正统转型论的范式单一论，提出了一个两种进化（动乱和整合）过程、四个进化阶段（原始社会、高级原始社会、中古社会、现代社会）和四种进化机制（分化机制、适应增强机制、包容机制、价值淡化机制）的转型理论体系。可见，维护西方中心主义为主旨的趋同论，是各派研究者的共同特点。

20世纪50年代，西方社会理论的主流是"乐观派"。其中的一个导向是"起飞论"，认为欠发达国家的经济能够通过"起飞"直接进入发达社会；另一个导向是"过渡论"，认为"传统社会通过'过渡阶段'转变为'现代社会'"。60年代以后"悲观派"逐渐占了上风，进而迎来了社会转型理论的转向时期。按"悲观派"的观点，世界历史上的现代化转型分为前后两个阶段，前期是自主内生的现代化，是由社会本身的固有力量在本土发生的从传统向现代的转型，这是西欧和北美的模式。后期则是强制动员的现代化，它以对民众的强有力的政治和社会动员为特征，由于其强烈冲击性和突发性所造成的动荡和失衡，欠发达国家并不一定"自动地"转变为发达国家，相反，倒是存在"现代化中断"的危险。克尔（C. Kerr）、罗斯托（W. Rostow）等人的经典观点，都诉诸主导群的创新和革命引发社会组织、政治生活、文化模式、日常行为，乃至信念立场的整体现代化。还有西方"新马克思主义"，其代表是法兰克福学派。他们认为，科学技术的统治和"工具理性"的主宰，造成了单向度的社会和人，社会与人都成了技术的附属物。因此，法兰克福学派诉诸一场意识形态革命或文化革命，建立一种"人道主义的社会主义"。80年代后期新转型理论在重新审视现代化标准时也开始对彻底反传统的假定产生了怀疑。

二、中国的社会转型研究

"社会转型"理论1992年以后被引入中国，并产生很大的影响。但由于西方社会转型理论的问题语境不同于中国，因此，我国学者力图构建真正具有较强理论穿透力和现实解释力的中国社会转型研究理论。为此，国内学界从社会转型的发生学、动力学、类型学、过程论、目标论等方面对社会转型理论做了较为详尽的论述，并重点探讨了改革开放后中国社会转型过程以及特点。但总体来看，中国社会转型理论研究还在发展之中。

我国学界对社会转型期的研究，主要集中于第三次社会转型，即当代社会转型。对当代中国社会转型的研究，大致可以概括为以下四个方面：一是社会转型研究。文献主要关注当前中国社会转型的总体特征的变迁，尤其关注社会结构所发生的转变，对社会转型、社会结构变迁的特点及原因进行了研究。二是社会分层、社会流动研究。社会分层是社会结构的分层，转型以来尤其是20世纪90年代进入转型加速期以来中国的社会结构发生了巨大的分化，社会阶层、社会流动问题日益凸显，学者开始逐渐将目光集中到这上面，他们将社会各阶层（包括新旧阶层）的产生原因、如何认识这些社会阶层、各社会阶层之间的关系以及阶层之间和阶层内部的社会流动，纳为研究的一个重点。三是社会组织研究。主要关注的是"单位制"的变迁研究，社会组织在社会转型期一个最大的变化就是"单位制"的变迁，伴随着社会转型的发生，单位制发生了什么样的变化以及将来命运如何，这构成单位研究的主要内容。四是社会差距研究。主要可分为贫富差距、城乡差距和区域差距（主要表现为东西部之间的差距),这些社会差距都是社会转型过程中出现的重大问题,如何认识这些差距,如何缩减这些差距,也成为学术界研究和探讨的热点问题。

综合国内的研究,中国当代社会转型的实践主要包括了以下内容①。

第一,经济上由计划经济结构向市场经济结构转型。改革开放前,我国公有制经济是"二元"结构模式,国营企业是在国家高度集中的计划控制下不健全的产品经济结构。农村经济是自给半自给的自然经济,这种小农经济结构及否认价值规律作用的国营企业的产品经济结构,都缺乏活力,不能调动劳动者的积极性,是阻碍我国现代化进程的主要因素。改革开放以来,我国开始把发展市场经济作为经济改革和发展的方向。正是这一历史性转变,才把市场经济作为一种新的经济、社会要素导入社会经济结构,并有机地融入公有制经济之中,使资源配置通过市场优化组合,解放和发展了生产力,加快了中国经济走向现代化的步伐,从而推动了社会结构其他方面由传统型向现代型的转变。

第二,由传统的农业社会向现代农业及工业社会转型。工业化是现代化的必要前提和主要标志。中国是一个落后的农业大国,农业生产力水平低,农民分化的速度极其缓慢,多数人口滞留在农村。纵观发达国家的历史,都证实了同一个结论:农民分化是社会现代化的必要前提。我国要实现现代化,就要求农业高度发达,农业成为社会现代化的基础。首先,要农业本身的进步,即建立起现代农业生产体系,进而将农业劳动者转移到现代工业生产的轨道上来。其次,农业的整体现代化。改革开放以来,农村的转型经历了这样一些阶段:一是家庭联产承包责任制使农业劳动者获得了经营自主权;二是劳动力的解放,为剩余劳动力寻找出路,产生了乡镇企业的异军突起;三是农村社会分化加快,使农业劳动力就地转移到乡镇企业,彻底改变了农村的产业结构,我国农村由此开始大规模的工业化历程,由传统的农业社会向现代农业社会转型。再次,农业结构转型运用的手段是市场这只无形的手,指导和帮助农民合理安排自己的生产和经营,全面提高农产品质量,遵循市场需要生产。最后,农业结构转型着重解决的问题是:如何适应市场对农产品优质化和多样化的需求,发展高产、优质、高效农业,提高农业与农村经济整体素质和效益,以增加农

---

① 杨森. 中国社会转型的特殊性分析 [J]. 甘肃社会科学, 2003 (1): 47-50.

民收入。

第三，由封闭半封闭社会向全方位开放社会转型。几千年的中国封建社会，自然经济和半自然经济占绝对统治地位，决定了中国传统社会的封闭性。改革开放以前的中国基本上仍处于一种半封闭状态。党的十一届三中全会在选择改革道路的同时，把对外开放列为基本国策，这是经济社会发展的必然要求，是由传统社会向现代社会跨越的历史性选择。自改革开放以来，我国逐步形成了全方位的对外开放体系，体现在：一是对外开放的领域，面向全世界实行全方位立体交叉的对外开放领域；二是对外开放的内容，不仅实行经济技术对外开放，充分利用世界先进的科学技术和管理经验来提高国内的生产效率和管理水平，同时推进思想文化的对外开放，积极吸纳世界各国优秀的文化成果，并且与中国传统文化有机融合，形成有利于现代化建设健康发展的舆论力量、价值观念、道德规范和文化条件；三是对外开放的功能，是全方位、立体的对外开放与对内辐射相结合，全面促进和带动我国经济发展和社会进步。

第四，由伦理道德基础上的"人治"社会向民主法治社会转型。在当代中国社会转型中，经济结构的转型必然带来政治体制的转型，引发意识形态、思维方式、价值观念的一系列变革和发展。这种变革和发展的突出标志和本质内容，是从传统的伦理道德型社会向现代民主法治社会转变。传统的中国封建社会基本上是一种伦理道德化的社会，等级制是核心，联结社会成员关系的主要是私人感情，规范社会成员行为的主要是儒家思想为主体的伦理道德，法律的社会功能极其有限。新中国成立后至改革开放前，中国政治、社会发展基本上走了一条"人治"道路，直至今天，"人治"因素还有着广泛深厚的影响。这种"官本位"的旧传统，对当代中国的现代化进程产生极为消极的影响，严重阻碍我国法制化、民主化的进程。市场经济的日益发展，已将深入进行政治体制改革和建设高度民主和法治国家的任务迫切提到现代化进程上来，这是社会主义社会文明的重要内容和基本标志。改革开放以来，我国在经济结构转型的同时，社会政治结构也在发生着一系列转变，推进民主法制建设，不断完善我国根本政治制度——人民代表大会制度，从民主选举、制定法律，完善立法、司法、执法等一系列制度入手，逐步由"人治"社会向民主法制的社会过渡。适应社会主义市场经济的发展规律，积极稳妥地推进政治体制改革和民主法制建设,惩治腐败,加快伦理社会向民主法制社会转型的步伐,是当代中国社会转型进程中一项极为艰难而又不可或缺的历史性任务。

磨合与调整是社会转型的关键词。从国际社会的发展经验看,社会转型期一般是经济社会的"黄金发展期",但也容易变成"矛盾凸显期"。现阶段,我国经济社会急剧转型,形势变化发展迅速,情况越发复杂。一方面,社会转型的进程中,社会各阶层的利益结构不断分化、重组,个人诉求日益多样,各类利益群体之间不可避免地出现利益冲突和矛盾。随着媒体日益发达,各方都有了更多表达渠道,极容易出现摩擦、碰撞。这是当前我国难以回避且必须经历的过程。另一方面,政治、经济和社会改革进度不平衡,社会应对措施没有及时跟上,社会管理和服务能力不尽如人意。显然,原有的社会管理和服务体系已经不能完全适应新形势的变化,必须及时更新、着力加强。

上述关于"社会转型"的理论论述,尤其是中国社会转型的进程与特点,有助于本书理解和把握我国高等教育投入结构演进所依托的社会背景与历史条件、宏观形势和任务。

第二节 高等教育成本分担理论

高等教育成本分担理论是决定高等教育投入主体及其投入比例的主要依据,也是本书判断我国高等教育投入结构合理性、优化投入结构的理论基础。

一、高等教育成本分担理论的提出与应用

所谓高等教育成本分担,是指"高等教育成本完全或几乎完全由政府或纳税人负担转向少部分由家长、学生和社会负担,他们以学费、教育捐赠和投资或支付使用费的形式补偿部分高等教育成本"[①]。

高等教育成本分担理论产生于20世纪80年代。当时,为满足世界性的高等教育规模扩张潮流,拓宽办学经费来源渠道,美国经济学家布鲁斯·约翰斯通提出了高等教育成本分担的理论。约翰斯通指出,高等教育是一种准公共产

---

① 布鲁斯·约翰斯通. 高等教育成本分担中的财政与政治[J]. 比较教育研究,2002(1): 26.

品，有投资有收益，按照"谁受益，谁承担"的原则，高等教育成本必须由所有的受益人，包括政府、家庭、企业和社会按照受益原则和能力支付原则共同承担。同时，他还阐述了各分担方的投入责任。

在世界多数国家面临高等教育财政危机的背景下，高等教育成本分担理论为建立多元化的教育投资体制提供了依据，因而得到社会的广泛推崇。目前，世界上多数国家都已接受成本分担理念并征收学费、使用费，同时鼓励发展依靠学费运行的私立高等教育。高等教育成本分担改革成为20世纪80年代以来国际高等教育领域最主要的财政改革之一。

二、高等教育成本的构成

20世纪60年代初，教育成本被引入教育经济学的研究中。在完全货币化的市场经济社会中，成本通常是以货币支出的形式出现的，通常是指为了获取商品和服务而发生的支出，也称直接成本①。从这个意义上说，高等教育的直接成本是指进行高等教育活动所需要消耗的资源的货币表现形式。直接成本包括三类：第一类是教学成本，包括教师薪金、图书杂志、仪器设备、教学类建筑费用、水电费用等。第二类是研究支出，主要是指用于科研活动的费用。由于各校对研究重视的程度不同，这也是支出差异较大的一类。第三类是生活成本，包括师生伙食、住房、日常生活，以及学习所需要的书本、文具、往返交通费用。

此外，广义的高等教育成本还包括为实施或接受高等教育所投入的机会成本，也称高等教育的间接成本，即社会资源因投入高等教育而牺牲的其他原本可能的收益中的最大者。这种意义上的成本除了包括高等教育的直接成本即货币支出之外，还必须包括政府、学校和个人的机会成本。

三、高等教育成本分担的理论依据

（一）教育投资个人收益论

该理论的核心是"谁受益，谁付款；多受益，多付款"的原则。个人或

---

① Bowen Howard E. & Lewis Darrell R. Higher Education and Economic Growth [J]. Kluwer Academic Publishers，1993.

家庭通过投资高等教育,增加凝聚在个人身上的人力资本,提高自身劳动力的价值,以获得相对于没有受过高等教育的人而言较高的经济收入、社会地位等货币及非货币收益。因此,个人或家庭应该分担与之收益相对应的部分教育成本。

(二)公共产品理论

1954年美国著名经济学家萨缪尔森创立了这一理论。该理论依据产品或服务在消费上是否具有竞争性和排他性,将全部社会产品和服务分为私人产品、公共产品和准公共产品。公共产品是指社会(集体)共同使用的物品或服务,具有非排他性与非竞争性两个典型特征。所谓非竞争性是指在公共产品的消费上,每增加一个消费者的边际成本为零,按照价格等于边际成本的效率定价原则,收费也应为零。所谓非排他性是指一旦该产品被提供,则无法从技术上将不付费的消费者排除在消费行列之外,或者能排除但代价高昂。私人产品则是具有排他性和竞争性的产品。高等教育产品具有不完全竞争性,因此是一种介于公共产品和私人产品的准公共产品。理论上,公共产品由政府提供,私人产品由市场提供,准公共产品由政府与市场共同提供。高等教育的准公共产品属性决定了政府不应该是其成本的唯一承担者,加上高等教育的外部正效应的存在,使高等教育成本分担获得了理论上的合理性。

(三)高等教育的市场效率论

成本分担符合新自由经济倾向,因而能得到这样一个假设的支持:成本分担更有效率,更关心市场,至少在既有竞争又有由消费者承担成本的国家是如此。大学和学院无论公立还是私立,都必须为生源而竞争,并为无效和不关心社会需求而承担后果。这样,高校就更有可能提供优质的教育,更能满足学生的需求,而不是仅仅为政府利益和教师的便利而开办①。另外,有学者认为,实行成本分担制度有助于促进教育公平。通过收取一定比例的学费,将一部分成本转移给有支付能力的家长或学生个人,并在经济状况调查基础上给无力承担学费的学生各种形式的资助,是实现教育公平的有效举措。

---

① 布鲁斯·约翰斯通. 高等教育成本分担中的财政与政治 [J]. 比较教育研究, 2002 (1): 28.

四、高等教育成本的分担主体

根据高等教育成本分担原则,高等教育成本分担主体应包括以下三方:政府、学生与家庭、社会。由此形成了高等教育的财政投入、社会投入和个人投入。

(一) 学生或其家庭

根据人力资本理论,接受高等教育可以增加个人的人力资本,使其在未来能够得到更高的收入。受教育程度越高,其年均劳动报酬收入越高,特别是高等教育给劳动者带来的收入优势更加明显(舒尔茨,1990)。此外,高等教育还能使他们获得较高的非经济收益,如较高的社会地位、文化修养、子女在文化教育方面的直接(间接)收益(代际影响)等。因此,按照收益原则,接受高等教育的学生及其家庭应该支付高等教育的成本。另外,随着我国经济的发展,居民的收入水平不断提高,相当一部分家庭也有能力支付高等教育的成本。而且,学生及其家庭支付成本也有利于提高高等教育的效率,因为学生从自我利益出发作出的决策显然要比政府的决策有效率。

(二) 企业和其他社会成员

高等教育具有正的外部效应。正外部效应是指一个经济主体的经济活动对其他经济主体带来有利影响。除受教育者个人外,企业和其他社会成员也能获得一部分高等教育的收益。对于企业来说,教育的收益主要在于劳动生产率提高,从而收益提高;接受过较高教育程度的劳动者创新欲望及能力强,在工作中会不断创造新方法和新产品,使企业具有较强的竞争力;受过较高教育程度的劳动者在企业所占比例高,可优化企业文化,提升企业的社会形象和品牌价值。实践证明,受过不同程度教育的劳动者的劳动生产率是不同的。因此企业雇佣的劳动者的受教育程度越高,其劳动生产率就应越高,高学历者会给企业带来高的收益。社会其他成员也能从受过良好教育的公民身上获益,包括社会生产力的提高,社会文明程度的提高,社会犯罪率的降低。所以,企业和其他社会成员也应该是高等教育成本分担的主体之一。

(三) 政府

高等教育是在一定程度上具有非竞争性的准公共产品,按照西方公共经济学理论,政府作为整个社会经济活动的一个"生产部门",其职能主要是"生产"和提供具有公共利益或效用的"公共产品"与"准公共产品",满足社会的公共需要及对公共利益的追求,所以政府应该从全社会的利益出发,对高等教育进行公共供给。由于高等教育具有外部性,根据标准的经济学理论,具有社会正外部效应的产品一般会供给不足,导致市场失灵,因此需要政府进行补贴,以达到社会有效率的资源配置。同时,高等教育能够降低社会的不平等,实现社会公平,政府应该将之作为一项福利措施,向贫穷人口提供。无论从哪个角度来说,政府都应承担高等教育的成本。

五、高等教育投入结构生成与优化的理论逻辑

在会计学上,投入与成本是一体两面的同一概念。因此,高等教育投入结构的演进与优化的基本原理,也可追溯至高等教育成本分担理论。20世纪下半叶,随着全球高等教育的扩张和经费紧张,约翰斯通(Joho stone)提出,高等教育是具有正外部性的准公共产品,国家、社会和受教育者皆可受益,所以高等教育成本应由三者共同分担。而确定各方投入比例的原则是受益结构原则和能力结构原则,前者强调应根据各方受益大小来确定分担比例,"多受益,多承担";后者要求各方的分担比例应与其支付能力一致,"能力越大,分担越多"。在具体操作上,能力结构首先取决于国民收入分配结构;其次,分担标准不但要合乎多数人的支付能力,还要考虑社会支付能力的增长潜力与融资能力。

进一步看,高等教育的受益结构与能力结构往往不一致。此时两大原则孰轻孰重,应视经济社会与高等教育发展状况而定。例如,萨卡罗普洛斯(G. Psacharopoulos)对70多个国家的经典系列研究表明,高等教育个人收益率远高于社会收益率。若以受益结构为主分担高等教育成本,在人均收入不高的发展中国家将导致许多家庭无力承受高学费,影响高等教育公平与规模,所以在多数发展中国家,为保障高等教育发展,高等教育成本分担原则应以能力结构为主,受益结构为辅。

上述理论描述了静态视角下高等教育投入均衡结构的生成原理。在高等教育受益结构与能力结构不变的条件下,当高等教育投入结构与成本分担原则的

要求相契合时，投入结构进入理想的均衡状态。由此，当我们引入动态视角时，对于高等教育投入结构的演进动因与方向，不难得出两个推论：其一，当高等教育投入的初始结构与均衡结构相背离时，高等教育投入结构为非均衡状态，具有向均衡状态演进的潜在动力。这类演进可称为"Ⅰ型演进"。其二，随着经济社会发展，高等教育的能力结构或受益结构必然发生变化。这就要求高等教育投入结构实时调整，以实现新的均衡。这类演进可称为"Ⅱ型演进"。同时兼顾两种动因的演进，可称为"复合演进"。在这个意义上，高等教育投入结构具有运动性，其演进与优化本质上是一个以契合成本分担原则为目标，寻求动态均衡的过程。

综上所述，确定高等教育投入结构要在统筹政府、学校、社会、个人的利益的基础上，按照受益原则与能力原则相结合的方式进行（往往还需确定主次原则）；而当高等教育投入结构与成本分担原则相背离，或能力和受益状况变化时，高等教育投入结构就有了演进的动力。上述理论为理解和研判我国高等教育投入结构的历史演进与未来优化的方向提供了理论依据。

第三节　唯物史观的基本原理与方法论

历史观也称社会历史观，是人们对社会历史中的问题以及现象的根本观点和总的看法，是了解和分析社会历史现象的立场和方法的指导。本书是关于社会转型期高等教育投入结构的研究，在某种意义上，也是对我国当代高等教育财政史的研究。因此，本书必然涉及历史观问题。

历史唯物主义也称唯物史观，是科学的社会历史观和方法论，它为认识世界改造世界提供方法论的指导。历史唯物主义侧重于从全局出发，研究社会的一般框架和普遍发展规律，为各类具体的社会科学奠定理论基础，同时提供历史观和方法论的指导。因此，要科学全面地认识和评价我国转型期高等教育投入结构及其相关政策，必须应用历史唯物主义的基本原理和方法论。也只有这样，才能从更为深广的社会历史视角解释和评价这一阶段的高等教育投入结构。

一、历史唯物主义的基本原理

历史唯物主义是由马克思和恩格斯创立的马克思主义社会历史观，它重点在于历史规律的诠释，所以唯物史观可以归为历史哲学范畴，具体来说，是一种思辩的历史哲学。其主要原理包括：

第一，社会发展的规律与动力。经济基础与上层建筑的矛盾运动规律、生产力与生产关系的矛盾运动规律是社会发展的两大规律。这两大矛盾运动是社会发展的基本动力，贯穿于一切社会形态之中，其他社会矛盾会因为两大矛盾运动发生变化，决定了历史一般进程的快慢。

经济基础决定上层建筑，上层建筑对经济基础具有能动的反作用。这是两者的辩证关系。上层建筑是由经济基础决定的主要表现在：有什么样的经济基础就会有什么样的上层建筑，经济基础决定上层建筑的性质和基本内容；经济基础的变革决定上层建筑的变化和发展方向。上层建筑对经济基础的反作用主要表现在：上层建筑是为经济基础服务的，上层建筑帮助、巩固和发展先进的经济基础，从而促进生产力的发展；如果是落后腐朽的经济基础，上层建筑的维护会阻碍生产力的发展和社会进步。经济基础与上层建筑之间的矛盾运动体现了经济基础的决定性是第一性，上层建筑的反作用是第二性。一个是根本性质，一个是从属性质。两者的辩证统一揭示了上层建筑一定要适应经济基础的发展，这也符合社会发展的基本规律。

生产力决定生产关系，生产关系反作用于生产力。这是两者的辩证关系。生产力对生产关系起决定性作用主要体现在：有什么样的生产力就会有什么样的生产基础，生产力决定生产关系的性质；生产力的变革决定生产关系的变化和发展方向。生产关系反作用于生产力主要体现在：先进的生产关系有利于促进生产力的发展，落后的生产关系会阻碍生产力的发展。

第二，社会意识与社会存在的关系是辩证统一的。其一，社会存在决定社会意识，社会意识是社会存在的反映。社会意识的性质由社会存在的性质所决定，社会意识的变化也会随着社会存在的变化而发生变化。其二，社会意识对社会存在具有能动的反作用。不同性质的社会意识对社会存在起着不同的作用。社会意识有先进的、革命的、科学的，也有落后的、反动的和不科学的。

前者会促进社会存在的发展，后者会阻碍社会的发展。判断社会意识先进落后的关键在于是否有利于社会存在，是否符合先进生产力发展的要求，是否满足广大人民群众的利益要求。

第三，群众是社会历史的主体，更是历史的创造者。首先，人类活动构成了社会历史，人自身社会行为的规律也是社会历史的规律。人的自然属性和社会属性是辩证统一的，但人的社会属性是根本属性，这是因为人的本质是他在社会中形成的社会关系的总和，是历史的、具体的。其次，人民群众创造了物质和精神财富，是推动社会变革和进步的根本力量，决定了社会发展进程和促进全面进步。

二、历史唯物主义的方法论

历史唯物主义不仅是一种科学的历史哲学理论，也是指导我们进行调查研究的科学的方法论。作为方法论，其主要内容如下。

（一）辩证决定论方法

社会历史具有一定的客观规律性，本质上是一个自然的历史过程。社会历史是人类活动过程，人类在历史上具有一定的能动性和选择性。社会规律与人的活动、人的主动性与被动性、选择性和被制约性，均具有辩证统一的关系。辩证决定论原理提供了辩证决定论的方法。

首先，试图掌握社会规律。辩证决定论原理给人们一个理由去相信：社会历史不是受偶然性支配的无序运动，人类的历史活动不是武断的，也不能随心所欲。相反，社会历史本身具有一定的因果关系、必然性、基本规律和轨迹。揭示人类活动的条件与活动结果之间的客观和必然联系就是这些规律的实质所在。它的主要实际意义是告诉人们，想要得到自己预期的结果，就要创造和预期结果相适应的条件。因此，人们不能忽视社会规律，更不能与之分庭抗礼，而是在承认的基础上以"实事求是"为行动导向努力探索。

承认社会规律是首要前提，我们更要辩证地看待它。各种历史事件和结果都存在必然性和偶然性，这就要求我们在理解社会规律的时候关注历史偶然性与必然性之间的关系。正如恩格斯所总结的，各种突发事件使历史发展呈现为一条曲线，而曲线的曲折程度由偶然因素决定，偶然因素越多，曲线越弯曲。

但是必然也存在于偶然之中，这便呈现为曲线的中轴线。要注意社会法律的多样性及其相互作用。社会规律本来就有"一"和"多"的辩证统一关系。其中的"一"指的是所有的社会规律都具有相同的属性，也就是各种社会现象之间的本质和客观的联系。而其中的"多"指的是社会规律有不同的表达形式，或者有不同的类型。它们是多层次的、多面的，有时间性的，并且它们相互交叉和限制，使得每个社会规律所表现出来的结果都具有复杂性。

其次，正确选择主体，提高主体选择的意识。人的决定是社会历史上普遍存在的现象，是社会历史本身的一个重要特征。正是因为未来的发展存在着各种可能和不确定性，这也为我们的选择提供了客观前提。也使人们的选择变成真实存在的可能。它是人的选择的内在基础和前提，它使人的选择成为必要，人有自觉的主观能动性，这是人的选择的直接基础，能够使人的选择成为现实。

正确认识选择的制约因素。人的选择受客观条件、主体状态和他人选择的制约。因此在选择过程中，人们不应该顺从一厢情愿的主观意愿，应从大局出发，全面考虑所有情况。这是保证选择成功的基本要求。

树立正确的选择方向。人的选择有正确与错误之分。判断人的选择正确还是错误的标准通常包含两个指标：第一，选择是否成功。结果与目标相一致，即选择成功，这也证明主观思想符合客观目标。这是判断选择是否科学的标准。第二，选择是否有利于选择者。这是评定所选内容是否存在价值的标准。一般而言，科学是选择的前提，是否有价值是选择的核心。从整体社会的角度来看，只要是能促进社会历史发展的选择，就是科学的选择，而只要是有利于大多数群体利益的选择，就是有价值的选择。这两方面是统一的，因为社会历史的发展一定会惠及广大人民群众，而大多数人的利益的提高恰好是社会历史发展的实质内容。

最后，坚持主体选择与社会规律的统一。人类的活动过程是历史的发展过程。人类的活动总是以某种意识和目的为主导。社会规律则是比人的选择更深刻的人自身社会行为的规律，即人类活动的规律。可以说，社会规律是历史进程的深层本质，是历史进程的基本轨迹，人的选择是历史过程的表层特点，也属于历史过程。人的选择会因为很多方面受到约束，社会规律的制约是一个重要方面，选择的主体、客体和主客体之间的规律性要求人的意识与其相一致，这样才能达到目标。而人的选择是社会规律发生作用的必要条件，它让社会规律的前提和结果，甚至社会规律的变迁内容一起发生改变。通过人对社会发展规律的能动反映可以充分体现人的选择和社会规律是如何实现统一的。人们在选择中对未来发展作出的预测，也包括有意识无意识地反映社会规律。人的选择符合社会规律，说明反映正确；人的选择不符合社会规律，表明反映错误，遭遇了失败。认识因素的局限、利益冲突、社会地位的高低都会成为影响人们反映社会规律的因素。

（二）历史本体论方法

承认社会历史是客观的，是统一于物质的，这是唯物主义的基本观点，也是唯物史观的根源。这种观点植根于社会生存与社会意识辩证关系的原理中。这一原理为正确认识和改革社会提供了一个基本的方法，那就是历史本体论方法，也称历史唯物主义方法，其主要内容如下。

首先，历史本体论方法要求区分社会生活的第一性现象和第二性现象，这是研究的前提条件。其本质是将社会的现实生活与人的反思、想象、偏见和扭曲相区别，而不是通过错觉和假象去决定实际情况。这是对社会进行正确认识、评价和改革的基本要求，是社会科学研究的首要条件。

其次，社会要通过社会的存在来加以阐释。社会存在是社会生活的"前身"，社会意识是社会存在的"副本"；社会存在是第一性，社会意识是第二性。因此，当我们对社会进行解释的时候，我们必须以"前身"为依据，以"副本"为参照，根据现实社会存在的情况，对社会的性质、发展程度及其变化趋势进行阐释，揭示社会发展规律。

最后，社会存在的变化是社会改革的基本前提。社会改革的根本问题是改变社会存在，使物质生活条件发生真正的变化，而不应该受到社会意识领域的局限。

（三）历史主义方法

历史立场是唯物史观的基本观点。这一观点指出，社会生活中的一切事物都作为过程存在，因此具有历史性。当社会存在的条件发生变化时，社会生活中的事物也将发生改变，这是历史必然性和历史暂时性的统一。而事物的内在矛盾与外界环境的相互作用是事物的历史性根源。这些内在矛盾和外部环境的波动是时刻存在的，它们的相互作用是多因素和非线性的，所以事物呈现不断变化的历史性特点体现了它们之间相互作用的不可逆转的过程。历史主义方法是历史主义观点提供的一种方法。

首先，在理解事物时，我们应该坚持变与不变的辩证统一。所有的事物都存在于过程中，是有阶段的。而过程本就包含了稳定与变化。这就是为什么人们只有看到事物在不同阶段的共同点和不同点，才能正确地反映事情。坚持变与不变的辩证统一，进一步说，事情改变与不变，是取决于内部和外部条件的相互作用。因此，我们需要找出发生变化的主导原因。采取针对性的行动，促进事物的转化，使其造福人民，避免逆向转型。

其次，严格遵守肯定与否定的辩证统一在对事物的评价中非常重要。对事物的肯定或否定不应该片面地从主观意志出发，而是应该遵循事物发展规律和代表广大人民群众的利益，同时重视肯定与否定的辩证联系。

(四) 社会评价方法

在现实生活中，人们总是在评价各种事物，这是人们理解世界的重要方面之一。因为所有评估都与人、与社会有关，所以我们称之为社会评价。所谓的社会评价，是人们对某些对象作出有无价值的评价。它是建立在客观存在和价值关系多样的基础之上的，实质上是在反映客体对于主体"有利与否"的价值关系。

社会评价的根本问题是评价标准的问题。社会评价标准通常表现为主观形式，它被表述为诸如法律、法规等明确的具体的规范，或者被表述为诸如世界观、人生观等模糊的抽象概念，它们是个别与一般之间的关系。所有的社会评价标准都是人类长期社会实践的产物，它来源于人的真实生活，经历了一个发展过程，这个发展过程从客观形态转变为主观形态。在这方面，历史唯物主义提供了两个标准：一个是生产力标准，另一个是人民利益标准。只要掌握这两项标准，就能保持正确的行动方向而不犯大错误。

三、历史唯物主义关于历史必然性与合理性的论述

转型期高等教育投入结构的演进是一种发生在特定历史时期的财政现象，

与社会历史条件有着复杂而必然的联系。要正确理解和评价这一历史客观现象，不仅需要直观的价值理性，更需要对"历史合理性"的理论内涵有所了解。

所谓"历史合理性"，在唯物史观的语境中，并不等同于生活语言中关于善恶美丑的"价值合理性"。价值合理性是依据人们的价值观，对事物予以是非好坏的主观价值判断。价值合理表示评价者的认同和肯定，价值不合理则表示否定和批判。而历史的合理性，侧重强调历史的客观性，包括某个历史现象发生的缘由、过程、结尾和发生的条件。马克思的历史合理性思想，是对黑格尔"存在即合理"的历史合理性思想的继承和改造。黑格尔有名言曰："存在即合理。"其原义是"任何存在的事物都有其存在的原因"。而"合理"一词，即指"合乎理性的，有根据的和可解释的"。换言之，黑格尔只是阐述了任何事件皆有因果关联，即"事必有因"。而在我国，"合理"一词经常被误读为表示价值合理性，导致原句沦为"弃善扬恶"的借口，读者不可不察。在这个意义上，历史合理性中的"合理"，指的是合乎理性的，可解释的。而探求历史的合理性，就是探求历史现象背后的动因、机理和变化脉络，以及是否合乎历史发展的逻辑，如同对于自然现象的研究。

唯物史观认为，人类的社会历史是在人类的实践活动基础上形成的，它会随着人类的历史实践活动发生的变化而变化。所以，存在于社会历史中的事物与现象不同于它的生成或产生的条件，是有其存在的价值与理由的。如何判断社会存在是否合理，这要看它是否具有历史的必然性。所以，历史的必然性不仅仅奠定了历史合理性的基础，也是评价历史存在合理与否的标准。在这种含义上，"必然的就是合理的"。

历史必然性被唯物史观认为是判断历史合理性的标准，这是因为历史的必然性和现实性是由人民的真实生活条件决定的。而现实生活条件的人是在人类实践活动的基础上产生的，因此从更深层次上说，人的实践活动决定了历史的必然性，而且历史必然性也被人的实践能力与水平所限制。因而，历史的必然性和现实性不是笼统的、永久的，它也是历史的一部分。随着人类实践能力的增长和生活水平的提高，人民的实际生活条件也将发生变化。在历史条件发生改变的情况下，事物和现象也将发生转变，可能从原本具备必然性和现实性变为不具备二者，也可能原本就不具备必然性和现实性的事物和现象，转瞬便具备了这两种性质。历史必然性也符合历史和现实的事物和现象，能够与人的本质力量的特定发展阶段相适应，体现了在当时的社会和历史条件下人的本质力量的发展要求和社会历史的前进方向相一致。马克思历史观认为，合理孕育着进步，合理包含了进步的方面。即便社会历史上现有的事物都有辩证法的思想，但由于人的实践活动是历史产生的前提条件，且人的实践活动能力和水平处于不断发展和进步阶段，过去时代创造的实践活动能力和事物、现象将逐渐失去其存在的价值，而不断发展和进步的新的事物和现象则取而代之。这不仅是"自然历史"的一个永无止境的过程，而且是社会历史从低阶不断向高阶的演化过程。

在此基础上，唯物史观进一步指出，历史合理性不能根据个人的主观期望加以认定。在社会历史中，每个人的生活条件和利益诉求都是不同的，虽然每个人都希望历史能够按照自己的预期去发展，但社会历史的发展与演变并不会按照个人的意志与目的去运行，而是按照自己的规律或必然性运行。在这种情况下，倘若以个人意志作为衡量历史是否合理的尺度，那么历史在所有人看来都会是不合理的，因为历史的结果是不以个人意志为转移的。判断历史的合理性的标准是看它是否具有充分的客观依据，与它是否完美无关，可以得出"历史的合理性不等于历史的完美性"。得出这样的结论是因为，历史不会在完美状态下结束，它是一个不断演化的过程，像知识一样。相反，所有的历史状态都是人类社会从低级到高级的无限发展的临时阶段。每一个阶段都是不可避免的，它在那个时代和条件下存在是有原因的，但是对于它自身发展起来的新的和更高的条件来说，它会因为过时而没有存在的理由。唯物史观的历史合理性拒绝将善良情感或意志加在社会各种历史现象中，这就与道德主义的历史观有所不同。之所以这样，不仅因为在人类社会历史演进的过程中不存在一个适合于一切时代、个人与阶级的永恒的道德善恶标准，而且如果人的恶劣的贪欲和权势欲产生具有必然性，能推动历史发展与进步的，也会成为历史发展的杠杆①。

---

① 中央编译局.马克思恩格斯选集：第四卷［M］.北京：人民出版社，1995.

综上所述，在唯物史观的范围里，历史的合理性一定要以历史的必然性为根基。这一认识为人们正确把握历史与评价历史的事物与现象提供了判断标准。

第四节 小结

本书的理论基础主要有社会转型理论、高等教育成本分担理论和马克思主义唯物史观。转型理论是本书统摄全篇的理论视角，并应用于分析转型期经济社会结构及其与高等教育投入结构的关系。高等教育财政理论是分析转型期高等教育财政状况的理论基础，其中，高等教育成本分担理论是核心理论，本书将其应用于研判高等教育投入结构的合理性及其优化方向。唯物史观为本书提供了历史观和价值归宿，其中，历史合理性原理是核心理论，将应用于研判高等教育投入结构演进的历史合理性。

第三章

转型期高等教育投入结构演进的路径与特点

作为研究开篇，本章主要探究转型期中国高等教育投入结构的演进路径。本书中的"转型期投入结构"，指国家、社会和个人在1992—2015年高等教育经费中的比例结构。本章将收集整理高等教育投入数据，并对其进行描述性统计，形成国家、社会和个人的投入规模和比例，最终导出投入结构的演进路径图。本章分三节：第一节，采集整理高等教育投入数据；第二节，分析高等教育投入的规模、比例与增速，探究投入结构的演进路径；第三节，小结。

第一节 数据采集与统计

要探究转型期中国高等教育投入结构的演进，首要任务是采集转型期国家、社会和个人投入的数据。在以往的相关研究中，有的数据缺乏权威性，有的统计口径不同，有的数据采集不完整，因而导致研究结论不科学。所以，保障数据采集的全面性和质量是本章的关键。

第一，确定数据起止年份。1992年邓小平同志发表南方谈话，自此中国全面进入经济社会转型期。为完整反映转型期高等教育投入结构的变化，本书将数据采集的时间起点定于1992年，终点则止于最新数据所在年份2015年，时间跨度共24年。

第二，确定数据来源。本书采用权威性和时间延续性兼备的国家统计资料作为数据来源。1995—2015年的数据主要出自国家统计局和教育部财务司发布的《中国教育经费统计年鉴》（以下简称《统计年鉴》）。1992—1994年采用国家教委财务司编写的《中国教育经费统计资料》（以下简称《统计资料》）。

第三，汇总统计项。经查阅《统计资料》和《统计年鉴》，本书的两大数据来源的统计项目不完全一致①。其中，《统计资料》出版较早，1992年的主要统计科目只包括"预算内教育经费""校办产业、勤工助学和社会服务收入中用于教育的部分""事业收入"（含"学杂费"二级科目）和"其他教育经费"四项；1993—1994年的《统计资料》增加了"各级政府征收的教育税费"和"社会捐资办学经费"两项统计科目；1995—2004年的《统计年鉴》中，增加了"其他财政性教育经费拨款"科目；2005—2015年的《统计年鉴》中，增加了"民办学校中举办者投入"科目②。按照兼容性最大化原则，汇总上述统计科目，最终形成"预算内教育经费""教育税费""校办产业、勤工助学和社会服务收入中用于教育的部分"（以下简称"学校创收"）、"其他财政性教育经费""社会捐集资经费""民办学校举办者投入""事业收入""学杂费"（隶属"事业收入"下的二级科目）和"其他教育经费"九项统计项。

第四，统计项归类。按照国家、社会和个人投入的定义，"预算内教育经费""教育税费""学校创收""其他财政性教育经费"属于财政投入；"社会捐集资经费"和"民办学校举办者投入"属于社会投入；"学杂费"属于个人投入。

在上述九项统计项中，有两项统计项未纳入国家、社会或个人投入的统计范围。其一是"事业收入"中扣除"学杂费"后的余额。根据《统计年鉴》定义，事业收入是指"学校和单位开展教学及其辅助活动依法取得的、经财政部门核准留用的预算外资金，以及经财政专户核拨回的预算外资金，包括教

---

① 统计科目的变化，除会计方法更新的原因外，还可以反映出高等教育发展形势与高等教育经费来源的变化。例如，1993年以前教育税费额度较小。1994年税制改革后，城市教育费附加一律按流转税的3%计征，教育税费快速增长，因而增加了教育税费科目。而"社会捐集资办学经费""其他财政性教育经费拨款"和"民办学校中举办者投入"科目的增加，也与相关经费的逐年增加有关。

② 2005—2006年，《中国教育经费统计年鉴》只公布了财政性教育经费合计数和预算内教育经费明细项目额度。由于本书只对各投入主体的投入总数进行统计，不涉及投入资金的内部结构，因此其他三项，即教育税费、学校投入和其他财政经费数字虽未公布，但不会影响本书的统计结果和研究结论。

学收入和科研收入；义务教育阶段学生缴纳的杂费；非义务教育阶段学生缴纳的学费；借读学生缴纳的借读费；住宿学生缴纳的住宿费；按照有关规定向学生收取的其他费用等"①。按照这一定义，这部分余额使用权归属学校，资金来源是国家、社会或个人②，但具体归属不明，而且经费占比不大（1992年和2015年分别占总经费的3.41%和10%③），因而这部分余额不纳入国家、社会和个人投入统计范围。其二是"其他教育经费"。按照《统计年鉴》的定义，"其他教育经费"是未指明来源的经费，因而也未纳入国家、社会和个人投入的统计范围。上述两项未指明来源的收入合并计算后统称"其他教育投入"，本书不予以深入讨论。

第五，导入数据，统计历年高等教育投入规模和结构。按照上述统计口径归类，合并计算后得到表3-1。

表3-1 1992—2015年高等教育投入规模与比例结构

年份	合计		财政投入		个人投入		社会投入		其他投入	
	规模（亿元）	占比（%）	规模（亿元）	占比（%）	规模（亿元）	占比（%）	规模（亿元）	占比（%）	规模（亿元）	占比（%）
1992	162.1	100	146.8	90.6	4.6	2.8	0.0	0.0	10.7	6.6
1993	167.2	100	153.5	91.8	10.4	6.2	1.3	0.7	2.2	1.3
1994	220.5	100	181.0	82.2	26.2	11.9	2.9	1.3	10.4	4.7
1995	292.2	100	229.7	78.6	44.6	15.2	4.4	1.5	13.5	4.6
1996	345.6	100	264.6	76.6	56.4	16.3	5.4	1.6	19.2	5.6
1997	415.1	100	308.9	74.4	72.4	17.4	9.0	2.2	24.9	6.0
1998	587.0	100	375.1	63.9	85.5	14.6	11.8	2.0	114.7	19.5
1999	753.3	100	465.4	61.8	137.9	18.3	16.4	2.2	133.6	17.7
2000	966.6	100	556.3	57.6	216.7	22.4	15.3	1.6	178.3	18.5
2001	1213.5	100	657.3	54.2	312.4	25.8	17.4	1.4	226.5	18.7
2002	1527.5	100	781.7	51.2	426.5	27.9	28.0	1.8	291.4	19.1
2003	1778.6	100	869.5	48.9	548.8	30.9	25.7	1.5	334.6	18.8

---

① 国家统计局. 中国教育经费统计年鉴（2010）[R]. 北京：中国统计出版社，2011：636.
② 如科研收入要么来自财政投入，要么来自企业的社会投入；教学收入也是如此。
③ 整理自1992—2010年《中国教育经费统计年鉴》。

续表

年份	合计 规模（亿元）	合计 占比（%）	财政投入 规模（亿元）	财政投入 占比（%）	个人投入 规模（亿元）	个人投入 占比（%）	社会投入 规模（亿元）	社会投入 占比（%）	其他投入 规模（亿元）	其他投入 占比（%）
2004	2103.5	100	1001.4	47.6	693.9	33.0	21.6	1.0	386.6	18.4
2005	2657.9	100	1128.5	42.5	837.9	31.5	202.7	7.6	488.7	18.4
2006	3057.8	100	1302.5	42.6	906.1	29.6	253.8	8.3	595.4	19.5
2007	3762.3	100	1648.1	43.8	1277.5	34.0	59.4	1.6	777.3	20.7
2008	4346.9	100	2062.9	47.5	1474.3	33.9	59.2	1.4	751.0	17.3
2009	4782.8	100	2327.4	48.7	1593.9	33.3	59.5	1.2	802.0	16.8
2010	5629.1	100	2965.3	52.7	1724.5	30.6	57.0	1.0	882.3	15.7
2011	7020.9	100	4096.3	58.3	1862.4	26.5	76.7	1.1	985.4	14.0
2012	8014.9	100	5012.2	62.5	1914.3	23.9	66.4	0.8	1013.0	12.8
2013	8178.6	100	4933.4	60.3	2048.4	25.1	77.6	1.0	1119.2	13.7
2014	8693.7	100	5263.2	60.5	2026.5	23.3	59.6	0.7	1344.5	15.5
2015	9518.2	100	5930.0	62.3	2058.3	21.9	76.3	1.0	1453.7	15.0
合计	76195.5	—	42660.5	—	20359.9	—	1207.3	—	11958.8	—

资料来源：《中国教育经费统计资料》（1992—1994年）；《中国教育经费统计年鉴》（1995—2015年）。数据保留小数点后1位。

将表3-1数据用折线趋势图表示，可得图3-1。

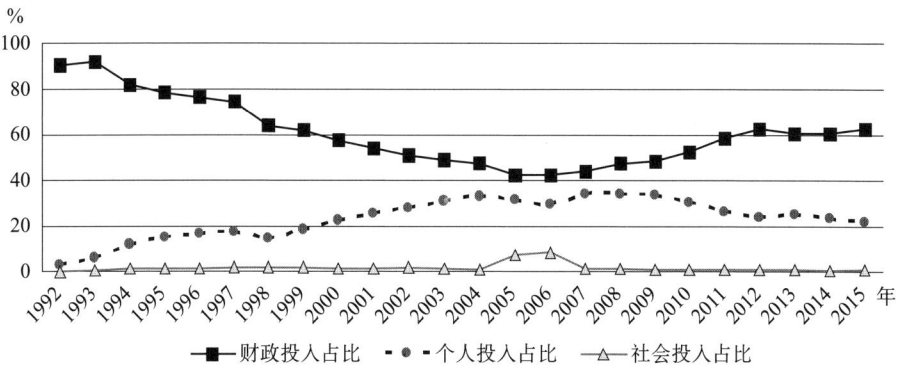

图3-1 1992—2015年高等教育投入结构演进路径

第二节　统计结果分析

综合表3-1和图3-1信息,有以下发现。

第一,从高等教育投入总量增长看,1992—2015年高等教育投入增速快于GDP增速,反映了国家和全社会对于高等教育事业的高度重视。

经济增长是高等教育投入增长的基本保障,高等教育投入增长又通过人力资本培育和高等教育产业发展为经济增长注入了强劲动力。但从1992—2015年经济和高等教育投入的增速看,高等教育投入增速快于GDP增速:从年增长率看,1992—2015年,除1992年、1993年、1994年、2006年、2010年这5个年份外,其余年份的高等教育总投入年增长率均高于同期GDP年增长率。尤其是扩招前夕的1998年,当年GDP名义增长率为6.87%,而同期高等教育总投入名义增长率却高达40.1%,为当年GDP增长率的6倍多;从年均增长率和增幅看,1992—2015年中国GDP从2.7万亿元增加到68.9万亿元,名义增幅约24倍,年均增长率约为15%;而同期高等教育总投入由162亿元增加到9518亿元,名义增幅约58倍,年均增长率约为19%[①]。可见,相对于其他行业,高等教育事业分享了更多的经济发展红利,体现了我国对于高等教育事业的高度重视,这也合乎教育发展比经济发展适当超前的原理要求。

第二,从投入规模看,1992—2015年国家累计投入占高等教育总投入半数以上,是高等教育投资主渠道;其次是个人累计投入,占高等教育总投入的近3成;社会累计投入最为薄弱,不足2%。

累计投入规模占比是反映特定时期内不同主体投入责任和成本分担比例的主要依据。首先看名义投入累计规模占比。图3-2显示,1992—2015年国家、个人和社会分别累计对高等教育投入约42660亿元、20360亿元和1207亿元,分别占同期高等教育总投入的56%、27%和1.7%,国家名义投入累计规

---

① 以上数据整理自1992—2015年《中国教育统计年鉴》和《中国经济统计年鉴》。

模占比最高,个人投入占比次之,社会投入占比最低。引入中国 GDP 平减指数①,将高等教育名义投入换算为实际投入,统计结果显示国家、个人和社会占比不变。可见,无论按名义价格还是不变价格计算,转型期都有超过一半的高等教育投入来自国家,国家财政总体上是高等教育投资主渠道。

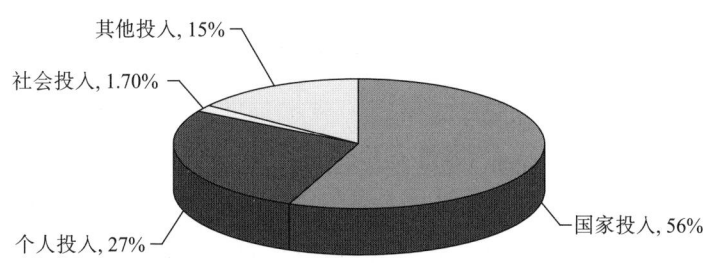

图 3-2 1912—2015 年国家、个人和社会投入累计占比

第三,从投入增速看,1992—2015 年国家、社会和个人的高等教育投入增速不均衡。总体看,个人投入增速最快,社会投入次之,财政投入增速相对平缓,但 2006 年以后,财政投入加速增长,超过个人和社会投入增速。

1992—2015 年国家、社会和个人投入总体呈逐年增长趋势,但其增速是不同的。首先从总体情况看,根据表 3-1,1992—2015 年个人投入、财政投入和社会投入分别增长 446 倍、61 倍和 40 倍,年均增长率分别为 30%、21% 和 17%,表明个人投入增速总体最快,财政投入次之,社会投入增速最慢,仅略高于同期名义 GDP 年均增长率(15%)。但如果分阶段考察,可以发现一个明显的趋势:2005 年以前财政投入年增长率不及个人投入和社会投入,但 2005 年后财政投入增长提速,逐渐压倒了个人投入和社会投入(见表 3-2)。投入增速的变化反映了高等教育投入责任重心的变动。社会转型初期,国家在保持投入主渠道地位和投入增速不低于 GDP 增速的基础上,将投资责任转移给了个人和社会,使得个人和社会投入增速超过财政投入。2005 年以后,投入责任的重心重新向国家转移,社会和个人投入增速开始落后于财政投入增速。

---

① GDP 平减指数(GDP Deflator),是指未剔除物价变动前的 GDP 增长与剔除物价变动后的 GDP 增长之商。它的计算基础包括消费品、生产资料和资本、进出口商品和劳务,所以它比 CPI 指数更能全面反映一般物价水平走向。由于现实中的高等教育投入,除了用于购买消费品,还会用于购买投资品。因此,本书选用 GDP 平减指数核算高等教育的实际投入。

表3–2　　　　　1992—2015年全国高等教育投入增长率

年份	财政投入（亿元）	年增长率（%）	个人投入（亿元）	年增长率（%）	社会投入（亿元）	年增长率（%）
1992	146.76	—	4.58	—	—	—
1993	153.45	4.56	10.36	126.20	1.25	—
1994	181.00	17.95	26.23	153.19	2.87	129.60
1995	229.72	26.92	44.52	69.73	4.42	54.01
1996	264.56	15.17	56.37	26.62	5.42	22.62
1997	308.86	16.74	72.39	28.42	8.96	65.31
1998	375.08	21.44	85.47	18.07	11.82	31.92
1999	465.4	24.08	137.88	61.32	16.39	38.66
2000	556.28	19.53	216.69	57.16	15.34	-6.41
2001	657.31	18.16	312.43	44.18	17.43	13.62
2002	781.71	18.93	426.45	36.49	27.95	60.36
2003	869.49	11.23	548.75	28.68	25.74	-7.91
2004	1001.44	15.18	693.87	26.45	21.63	-15.97
2005	1128.54	12.69	837.91	20.76	202.69	837.08
2006	1302.52	15.42	906.07	8.13	253.81	25.22
2007	1648.12	26.53	1277.45	40.99	59.39	-76.60
2008	2062.46	25.14	1474.29	15.41	59.17	-0.37
2009	2327.38	12.84	1593.91	8.11	59.49	0.54
2010	2965.32	27.41	1724.54	8.20	56.95	-4.27
2011	4096.33	38.14	1862.36	7.99	76.74	34.75
2012	5012.16	22.36	1914.3	2.79	66.44	-13.42
2013	4933.39	-1.57	2048.39	7.00	77.62	16.83
2014	5263.2	6.69	2026.45	-1.07	59.55	-23.28
2015	5929.99	12.67	2058.2	1.57	76.25	28.04

资料来源：《中国教育经费统计资料》（1992—1994年），《中国教育经费统计年鉴》（1995—2015年）。数据保留小数点后2位。

第四，从高等教育投入结构的演进路径看，1992—2015年财政投入占比呈"高—低—高"式的U型波动，个人投入占比呈"低—高—低"式的倒U型波动，社会投入占比始终在低位运行。

第三章 转型期高等教育投入结构演进的路径与特点

表3-1和图3-1显示,转型初期财政投入占高等教育经费的九成以上,几乎包办了高等教育。此后随着高等教育成本分担的逐步实施,财政投入占比开始走低,到2005年达到42%的历史最低点。其后财政投入占比缓慢回升,截至2015年回升至62%,接近1999年高等教育扩招初期的占比水平。与财政投入占比的运行轨迹相反,转型初期个人投入不足高等教育投入的一成。此后个人投入占比逐年走高,直至2005年增速首次放缓,占比出现下降趋势。截至2015年,个人投入占比回落到22%,也接近于1999年的占比水平。相比之下,社会投入占比始终在低位运行,除2005—2006年一度达到8%左右外,其余年份的社会投入占比大多不足2%。这表明我国高等教育社会投入还非常薄弱。

由此可见,以2005年为界,1992—2015年高等教育投入结构的演进可分为两个阶段:2005年以前,财政投入占比趋于下降,个人投入趋于上升;2005年以后,财政投入占比回升,带动个人占比回落。截至2015年底,两者占比回到1999年扩招初期的水平。社会投入占比除个别年份外,多数时期都处于低位。

第三节 小结

综合上述分析,可以得出以下结论:在社会转型期间,我国高等教育投入总体情况良好,规模增长迅猛,为转型期高等教育的跨越式发展奠定了物质基础。从高等教育投入总量增长看,1992—2015年高等教育投入增速快于GDP增速,反映了国家和全社会对于高等教育事业的高度重视。从1992—2015年高等教育累积投入看,国家财政投入占半数以上,是高等教育投入的主渠道,个人投入约占三成,是重要组成部分,社会投入比例不足2%,亟待提高。从投入增速看,转型初期个人投入增长最快,其次是社会投入,财政投入增速相对最慢。2005年后这一趋势开始逆转,财政投入增速逐渐超过个人和社会投入增速,这就导致了我国转型期高等教育投入结构的演进趋势为:财政投入占比呈"高—低—高"式的U型波动;而个人投入占比呈"低—高—低"式的倒U型波动。由此,以2005年为界,1992—2015年高等教育投入结构的演进可分为两个阶段：2005年以前，财政投入占比趋于下降，个人投入趋于上升；2005年以后，财政投入占比回升，带动个人占比回落。截至2015年底，两者占比回到1999年扩招初期的水平。社会投入占比除个别年份外，多数时期都处于低位。

运用本章的研究结论，可以对以往的一些比较普遍的观点进行辨析和修正。

（一）"高等教育成本分担制度实施以来，学生负担不断加重"

本章的研究表明，1999年高等教育成本分担制度实施后，随着学费的增加，学生负担确实存在日趋沉重的现象。但从2005年开始，随着学费的逐步稳定，以及居民家庭收入水平的提升，学生的负担水平开始有所下降。那种忽视形势发展，认为学生负担不断加重的观点是片面的。

（二）"高等教育财政改革就是政府要卸包袱"

上文研究表明，1912—2015年我国高等教育累计超过一半的投入来自国家。因此在转型期间，政府在高等教育投入方面虽然在一定时期内存在不足（主要是2003—2009年，财政投入不足高等教育经费的一半，政府筹资责任弱化），但总体上是高等教育投资主渠道，而且正起着越来越重要的作用。那种认为转型期间政府减轻高等教育投入责任的观点是不够客观的。

（三）"我国高等教育投入结构严重失调，财政投入比例过低，个人比例过高"

本章的研究表明，我国高等教育投入结构存在明显的阶段性特征。2005年以前财政投入比重下降，个人投入比重逐步上升，然而2005年以后，高等教育政府筹资责任逐渐回归，财政投入比例和个人投入比例已经回到扩招初期水平。总体来看，我国高等教育投入结构虽然一度存在失调现象，但经过一段时期的调整，目前已趋于合理。

第四章

1992—2015年高等教育投入结构演进的逻辑

"社会历史的评价问题，一定程度上也是对社会历史的认识问题，它构成了评判的基础。"如果说上章明确了中国高等教育投入结构的演进路径"是什么"，那么本章则要解释转型期高等教育投入结构"为什么"这样演进。解释要点包括演进的背景、条件、动因和效应等，综合起来，就是要探究转型期高等教育投入结构的演进逻辑。这也是后文演进合理性评价的认知基础。

市场经济转型是这一阶段高等教育投入结构演进最重要的社会历史背景，也是解读其历史逻辑的关键所在。所以只有回归历史现场，厘清1992—2015年转型期社会历史条件与高等教育投入结构的互动关系，才能正确地认识这一现象。本章将从这一视角出发，探究高等教育投入结构的演进逻辑。

鉴于高等教育投入结构在2005年前后呈现出不同的阶段性特征，本章将考察周期分为1992—2005年与2006—2015年两个阶段。本章共分五节：第一、二节，分别探究1992—2005年高等教育投入结构演进的社会背景、历程与逻辑。第三、四节，分别探究2006—2015年高等教育投入结构演进的社会背景、历程与逻辑。第五节，小结。

第一节 1992—2005年高等教育投入结构演进的背景与历程

1992—2005年是中国社会主义市场经济体制改革启动和全面推进的阶段，其时代主题是改革与发展。1992年是中国市场经济改革元年。1992年1—2

月，面对国内外的复杂局势，改革开放的总设计师邓小平同志发表著名的南方谈话。当年10月，在举世瞩目的中共十四大上，中共中央明确提出：中国经济体制的改革目标是建立社会主义市场经济体制。由此，中国全面进入经济社会转型期。

此后，我国陆续实施了一系列重大体制改革。其中包括：①建立现代企业制度。1993年11月，十四届三中全会颁布《中共中央关于建立社会主义市场经济体制若干问题的决定》，提出要建立健全社会主义现代企业制度。②分税制改革。1993年12月国务院作出关于实行分税制财政管理体制的决定，中国公共财政体制发生重大转变。③金融体制改革。1993年12月，国务院作出《关于金融体制改革的决定》。④外贸体制综合配套改革。1994年1月，国务院作出《关于进一步深化对外贸易体制改革的决定》，提出对外贸易体制改革的目标是：统一政策、开放经营、平等竞争、自负盈亏、工贸结合、推行代理制，建立适应国际经济通行规则的运行机制。⑤医疗、住房市场化改革。1998年7月，《国务院关于进一步深化城镇住房制度改革加快住房建设的通知》颁布，废除了住房实物分配的制度，确立了商品房的市场主体地位。2000年3月，国务院转发《关于城镇医药卫生体制改革的指导意见》（医改"十四条"）。⑥外汇管理体制改革取得重大进展。1996年12月中国实行人民币经常项目下的可兑换。⑦明确非公有制经济是社会主义市场经济的重要组成部分。1997年党的十五大报告和1999年3月的九届全国人大二次会议通过的宪法修正案，明确非公有制经济是社会主义市场经济的重要组成部分。⑧西部大开发战略。1999年3月，《关于进一步推进西部大开发的若干意见》提出了推进西部大开发的十条意见。⑨中国加入WTO（世界贸易组织）。2001年11月，中国终于成为世贸组织新成员。标志着中国的对外开放进入了一个新阶段。⑩确定全面建设小康社会的奋斗目标。2002年党的十六大提出了全面建设小康社会的构想，即在21世纪头20年，全面建设惠及十几亿人口的更高水平的小康社会。⑪振兴东北地区等老工业基地战略提出。2003年9月，国务院实施东北地区等老工业基地振兴战略，提出了振兴东北的指导思想、原则、任务和政策措施。⑫2004年推进资本市场发展的"国九条"颁布。2004年1月，《关于推进资本市场改革开放和稳定发展的若干意见》颁布，明确指出大力发展资本市场对中国实现21世纪头20年国民经济翻两番的战略目标具有重要意义。⑬国有商业银行股份制改革。2004年,中国银行和中国建设银行由国有独资银行改制为股份制商业银行。⑭保护私有财产入宪。2004年3月第四次宪法修正案宣布"公民的合法的私有财产不受侵犯",进一步完善了私有财产保护制度。⑮农业税条例废止。2005年12月十届人大十九次会议通过《关于废止中华人民共和国农业税条例的决定》,一个在中国延续2000多年的税种宣告终结。经过上述改革,市场经济体制地位基本确立,中国从农村社会向工业社会转变,人民生活水平大幅提高,中国社会面貌发生了全面而深刻的变革。

与高歌猛进的经济社会改革相对应,1992—2005年中国高等教育也取得了突出的成就,其最大的变化体现在办学规模的突飞猛进。1992年普通高等学校招收本专科学生75.4万人,在校学生218万人,到2005年,普通高校本专科招生数增加至306万人,在校生增至1562万人。招生人数和在学人数分别增加4倍和7.5倍①。随着办学规模的急剧增长,高等教育的投入结构也发生了激变。其最显著的特征,就是财政投入占比的下降和个人投入占比的上升。其中财政投入占比从九成下降到四成,个人投入占比由不足一成上升为三成,变化幅度相当大,引发了社会争议。

这一时期,高等教育的扩张及其投入结构调整可分为两个阶段。第一阶段(1992—1998年)是中国高等教育规模稳步发展的阶段。20世纪90年代初,新一轮高校内部管理体制改革在全国兴起,高校资源得到整合。1993年2月,党中央国务院颁布的《中国教育改革和发展纲要》提出,"在治理整顿期间,高等教育规模要稳定",高等教育要把重点放在优化结构、提高水平上。1994年7月,国务院发布《中国教育改革和发展纲要的实施意见》,提出"高等教育要走内涵发展为主的道路,使规模更加适当,结构更加合理,质量和效益明显提高"。1996年4月《全国教育事业"九五"计划和2010年规划》中延续了这一观点。《规划》认为,"八五"期间,高等教育发展较快,投入不足,办学条件已绷得很紧。我国高等学校的数量已经不少,只要适当扩大现有高校的办学规模,就可以实现规划目标,所以"九五"前期要适当控制办学规模。

---

① 上述数据分别整理自1992年和2005年《中国教育统计年鉴》。

1997年9月,在党的十五大上专门论述高等教育问题时,进一步提出要"稳步发展高等教育"①。1997年,高等教育全面实行收费制,并拓宽办学经费渠道,扩大高校的办学自主权,引入竞争机制,高等教育办学规模仍然保持基本稳定。在上述政策作用下,1992—1998年,高等教育办学规模增速平缓,7年间本专科在校生数仅从200多万增加至300多万(见表4-1)。高等教育投入结构的变化也较为平缓,同期高等教育国家筹资比例由90.6%降至63.9%,个人筹资比例由2.8%上升至14.6%(见表3-1),学费涨幅在群众能力范围之内,社会反响较小。

表4-1　　　　1992—1998年中国普通高校规模扩张数量变化情况

年份	高校数（所）	本专科毕业生数（万人）	本专科招生数（万人）	本专科在校生数（万人）	研究生毕业生数（万人）	研究生招生数（万人）	研究生在学人数（万人）	毛入学率（%）
1992	1053	60.42	75.41	218.4	2.57	3.34	9.42	3.47
1993	1065	57.07	92.4	253.6	2.82	4.21	10.68	4.68
1994	1080	63.74	89.98	279.9	2.80	5.09	12.79	5.7
1995	1054	80.54	92.59	290.6	3.19	5.10	14.54	6.86
1996	1032	83.86	96.58	302.1	3.97	5.94	16.23	8.03
1997	1020	82.91	100	317.6	4.65	6.37	17.64	8.84
1998	1022	82.98	108.4	340.9	4.70	7.25	19.89	9.76

资料来源:《中国教育统计年鉴》(1992—1998年)。

1999—2005年是我国高等教育积极发展的时期。这一时期,我国高等教育的规模发展政策从"基本稳定"转变为"积极发展"。1998年《中华人民共和国高等教育法》第一章第六条明确规定:"国家根据经济建设和社会发展的需要,制定高等教育发展规划,举办高等学校,并采取多种形式积极发展高等教育事业。"在之后出台的多个教育政策中,也延续了高教法的指导思想。例如,1999年1月的《面向二十一世纪教育行动振兴计划》明确指出,高等教育规模要有较大扩展,到2010年入学率将达到适龄青年的15%。这一新目

---

① 彭红玉,张应强.20世纪90年代以来我国高等教育规模发展的政策文本与实施效果分析[J].清华大学教育研究,2007(6).

标的提出,标志着世纪之交我国高等教育规模扩张政策的正式启动。1999年6月《中共中央国务院关于深化教育改革全面推进素质教育的决定》提到:"调整现有教育体系结构,扩大高中阶段教育和高等教育的规模,通过多种形式积极发展高等教育。"《全国教育事业第十个五年计划》也有相同的内容。2002年,党的十六大提出了造就"数以千万计的专门人才和一大批拔尖创新人才"的新任务。在上述政策引导下,1999—2005年普通高等教育规模每年新增人数均超过100万(见表4-2),而在此之前,在校生人数从200万增长到300万用了7年的时间(1990—1996年)。2005年高等教育在校生总规模达到2300万,毛入学率达到21%,高等教育实现了由精英化向大众化的飞跃。伴随着7年的高等教育持续扩张,高等教育投入结构中财政投入比例和个人投入比例的此消彼长趋势进一步凸显,财政投入占比从61.8%下降到42.5%,个人投入占比从18.3%上升到31.5%(见表3-1),学费上涨幅度较大,超出群众负担能力,社会意见较大。

表4-2　　　　1999—2005年中国普通高校规模扩张数量变化情况

年份	高校数（所）	本专科毕业生数（万人）	本专科招生数（万人）	本专科在校生数（万人）	研究生毕业生数（万人）	研究生招生数（万人）	研究生在学人数（万人）	毛入学率（%）
1999	1071	84.76	159.7	413.4	5.47	9.22	23.35	10.5
2000	1041	94.98	220.6	556.1	5.88	12.85	30.12	11.2
2001	1225	103.63	268.3	719.1	6.78	16.52	39.33	12.9
2002	1396	133.73	320.5	903.4	8.08	20.26	50.1	15
2003	1552	187.75	382.2	1109	11.11	26.89	65.13	17
2004	1731	239.1	447.3	1334	15.08	32.63	81.99	19
2005	1792	306.8	504.5	1562	18.97	36.48	97.86	21

资料来源:《中国教育统计年鉴》(1999—2005年)。

第二节　1992—2005年高等教育投入结构演进的历史逻辑

1992—2005年高等教育投入结构的演进,主要源于经济社会转型所引致的财政转型与高等教育扩招的双重动因。其中,20世纪末高等教育投入结构变化主要源于高等教育成本分担的实施,到21世纪初则主要受到高等教育扩招的影响。

一、20世纪末高等教育投入结构调整:财政转型与高等教育成本分担

如前所述,1992—1998年是高等教育办学规模相对稳定的阶段,期间高等教育投入结构的变化也较为平缓。在这一阶段,高等教育投入结构变动的动力来自财政转型引起的高等教育成本分担。

财政学理论中,国家财政是各种财政形态的共称,而财政的具体形态取决于特定的政治经济体制。与计划经济和市场经济体制适应,分别有计划财政和公共财政两种财政形态。计划财政体制下,财政活动具有全能型,不仅满足国家需要,也满足私人需要。公共财政则以市场失灵为逻辑起点,以提供基本公共品为重点,兼顾调节分配和稳定经济职能,以此界定财政活动的范围、收支结构和运行模式的财政形态。20世纪90年代初至今,我国财政最显著的特点就是处于计划财政向公共财政的转型,而且这一转型具有长期性和阶段性。以市场经济改革、启动公共财政建设、确立公共财政基本框架等标志性事件为节点,中国财政转型进程大致可分为两个阶段:第一,公共财政创建期(1992—2005年)。1992年市场经济改革拉开了公共财政转型的序幕,1998年政府首次提出"构建公共财政基本框架"的改革目标。到2005年,公共财政基本框架建成。第二,公共财政完善期(2006年至今)。公共财政基本框架建立后,2007年党的十七大报告和2012年的党的十八大报告均提出了"完善公共财政体系"的要求,公共财政体系建设水平由此进一步提升。这一完善过程仍在进行之中。作为国家财政活动的分支领域,高等教育财政投入状况必然受到国家财政状况和转型进度的制约,而这正是同期高等教育财政投入比例变动最重要的内生动力之一。

1992年市场化转轨以后,我国财政形态开始由计划财政向公共财政转型。在传统的计划财政体制下,国家财政几乎包揽了全社会的资源配置,高等教育政府筹资更是高达总投资的九成以上,既给国家财政带来了巨大负担,也使高等教育缺乏活力。因此早在1992年以前,政府和学界便开始自发探索国家财政的转型路径。经过多年讨论和改革实践,国家财政应摒弃大包大揽思维,着

眼于公共性、公平性和公益性的观念逐渐深入人心。在这一背景下，高等教育成本分担理论1989年被引入我国试点。1992年市场经济体制改革全面启动以后，国家财政开始有计划地退出私人领域，高等教育成本分担由此得到了更多的认同，并于1997年开始在国内全面实施。

高等教育成本分担理论认为，高等教育是混合产品，财政资助应以补偿市场失灵的正外部性为限，私人受益部分应收取学费。这一转变使得财政支出得以退出高等教育私人领域，集中于公共领域供给，更能适应经济社会转型的内在要求。从这个意义上讲，高等教育成本分担本身就是财政转型在高等教育领域的外化表现，两者具有同一性。同时，高等教育个人投入比重的增加，客观上必然引起财政投入比例的降低。1992—1998年，高等教育个人筹资比例由2.8%上升至14.6%，国家筹资比例由90.6%降至63.9%（见表3-1）。总体看，这一阶段学费虽有所增长，但基期学费起点低，涨幅在群众能力范围之内，再加上高等教育成本分担具有理论合理性，也是国际高等教育发展的普遍经验，因此社会反响较小。

高等教育成本分担引致的国家筹资比例下降并非是没有底线的。按照理论要求，个人投入比例不应高于高等教育产品的私人受益比例。对此，政府的要求更为明确，即学费标准不超过生均教育成本的1/4。所以即便不考虑存量教育资源的规模经济效应，高等教育个人筹资也不应超过高等教育投入的25%。按照这一标准，2000年高等教育个人筹资比例为22.4%，已逼近政策红线，表明基于高等教育成本分担的财政退出已实施到位，此后政府与个人的筹资比例应保持基本稳定。然而在21世纪初期，高等教育政府筹资比例继续保持下降态势，引发了社会争议。对于这一现象，主要应归因于高等教育扩张的外在动因。

二、21世纪初高等教育投入结构调整：经济社会转型与高等教育扩招

1999—2005年的高等教育办学规模扩张进一步强化了高等教育投入结构中财政投入比例和个人投入比例的此消彼长趋势。经过7年的调整，财政投入占比从61.8%下降到42.5%，个人投入占比从18.3%上升到31.5%，学费大幅度上涨，群众意见较大。因此，探究1999—2005年高等教育投入结构演进

的逻辑,首先是要理解1999年高校扩招的内在逻辑。

(一)转型初期高等教育扩张的历史逻辑

1999年启动的高等教育扩招是中国高等教育史的标志性事件。相比改革开放后主要源自"高等教育系统内部对于规模扩张和改革的诉求"(鲍威,2012①)的前三次扩招,此次扩招主要源于高等教育系统外部,即市场化转轨带来的高等教育需求扩张。这种扩张的动力主要来源于以下三个方面。

第一,转型初期经济快速发展,必然要求高等教育加速扩张。改革是生产关系的调整,目的是解放和发展生产力。表4-3显示,1992年改革前,经济发展受到计划经济体制的束缚,1989—1992年中国GDP年均增长率仅为5.6%,改革启动后的1992—1998年,GDP年均增长率骤增至10.8%。这种两位数的增长势头一直延续到1996年。而1997—2002年,尽管经历了亚洲金融危机的挑战,在亚洲各国普遍面临负增长的情况下,我国GDP依然保持快速增长。根据高等教育与经济协调乃至适度超前发展的原理,经济高速增长必然要求扩大高等教育规模,以为其提供更充足的智力支持。然而扩招前的1992—1998年,我国普通高校招生人数从75.41万增加到108.4万,年均增长率仅为5.64%,远低于同期10.8%的GDP年均增长率(见表4-1)。这说明高等教育已滞后于经济发展,更谈不上适度超前发展了。高等教育只有加速发展,才能适应经济发展的需要。

经济过剩运行和内需不足是市场经济转型期的常态②。经济转型后,原本被计划体制遮蔽的深层次问题逐步暴露出来,需求不足成为长期困扰我国经济发展的因素,经济转型带来的国企改革造成了大量失业,再叠加1997年亚洲金融危机的影响,高等教育拉动经济和就业增长、分流劳动力的产业功能得到了政府的高度重视。作为第三产业,高等教育具有增加中短期社会内需、带动

---

① 鲍威. 中国高等教育规模扩张的理论解释与扩张机制[J]. 教育学术月刊,2012(8):3-11.
② 刘诗白. 中国转型期有效需求不足及其治理研究[M]. 北京:中国金融出版社,2004:59-63.

经济和就业增长、分流和储藏劳动力①的功能。据2001年北京大学魏新、李文利教授测算，1999年高校扩招48万人带来的社会最终需求增量约为56.6亿元，由最终需求的增量所带动的GDP增量约为129.99亿元。另外，若每年能投资36.185亿元用于高校新建校舍、购买大型仪器设备等供10万人使用，则又可带动107.43亿元的社会总支出。1999年高校扩招创造的就业机会合计为256208个。新建校舍、购买大型仪器设备等可增加67889人就业②。又据北京大学课题组2003年测算，若按1999年在校生规模410万人的估计，若采用单轨制，每生每年收3000元学费，可对国民经济生产规模拉动179亿元左右。若采用双轨制，即一部分人按3000元收费，另一部分扩招学费按全额成本补偿，收费11020元（1998生均经常费成本），则对国民经济生产规模的拉动可达309亿元左右。若考虑基本建设投资，则多提供30万名学生的普通高等教育机会，可拉动约322亿元的经济总规模③。而经济学家汤敏则认为，若从1998年开始以每年增加25%—30%的速度，在3年内使中国高等学校的招生量增加1倍，可拉动近1000亿元的投资与最终消费，对GNP的贡献每年可达0.5个百分点以上④。

尽管这种经济主导的扩招动机在理论上还存在争议，而且由于高校扩招和学费上涨挤占了其他消费支出，使得扩大内需的效果不尽如人意，但高等教育扩张确实在一定程度上起到了稳定宏观经济发展的作用。

---

① 贮藏功能解释模型（The Warehousing Function）关注到高校扩招现象往往发生在劳动力市场无法满足青年人就业需求的时点（Grubb & Lazerson 1982）。该理论从劳动经济学和社会心理学的视角提出，高等教育的另一种重要功能是，为可能面临失业危机的适龄青年提供贮藏，从而减少社会不稳定性。相关研究发现，美国退伍军人法案的出台、20世纪60年代社区学院的激增背后都存在着该现象。前者资助第二次世界大战回国的大量退伍军人进入高等院校学习，从而有效地避免了退伍军人失业可能导致的社会危机（Piven & Cloward 1971），后者的发生则正值美国劳动力市场失业率出现上升的时点（Grubb & Lazerson 1982）。

② 魏新，李文利. 中国高等教育需求与规模速度研究报告［R］. 中国教育与计算机科研网，http://www.edu.cn/20010827/208587.shtml.

③ 北京大学课题组. 关于扩大高等教育规模对短期经济增长作用的研究报告［R］. 中国教育与计算机科研网. http://www.eol.cn/20030528/3085626.shtml.

④ 汤敏. 教育启动消费呼之欲出［N］. 经济学消息报，1999-02-19（3）.

表4-3　　　　　　　中国1989—2015年GDP增长率　　　　　　单位:%

	1989年	1990年	1991年	1992年	1993年	1994年	1995年	1996年	1997年
增长率	4.1	3.8	9.2	14.2	14.0	13.1	10.9	10.0	9.3
	1998年	1999年	2000年	2001年	2002年	2003年	2004年	2005年	
增长率	7.8	7.6	8.4	8.3	9.1	10.0	10.1	11.3	

资料来源：国家统计局数据中心官方网站2014年核准后的最新数据。

第二，转型初期居民收入快速提升，必然要求增加高等教育供给。中国具有悠久的重教传统，而市场经济转型和知识经济时代的到来，进一步提升了劳动力市场要求和人力资本价值，接受高等教育已成为个人发展的必要途径。经济转型提高了居民收入水平。表4-4显示，1992—1998年城乡居民人均收入分别增长2.67倍和2.75倍。快速增长的收入水平进一步为高等教育需求增长提供了消费支持。

表4-4　　　　　　1992—2005年城镇居民人均可支配收入　　　　　　单位：元

城镇居民	年份	1992	1993	1994	1995	1996	1997	1998
	收入	2027	2577	3496	4283	4839	5160	5425
	年份	1999	2000	2001	2002	2003	2004	2005
	收入	5854	6280	6860	7703	8472	9422	10493
农村居民	年份	1992	1993	1994	1995	1996	1997	1998
	收入	784	922	1221	1578	1926	2090	2162
	年份	1999	2000	2001	2002	2003	2004	2005
	收入	2210	2253	2366	2476	2622	2936	3255

资料来源：国家统计局数据中心官方网站2014年核准后的最新数据。

再从需求满足程度看，表4-5显示，尽管转型初期普通高校录取人数逐年递增，但是高考报名人数增长更快。据测算，1993—1998年普通高等学校平均报名录取比（r）为2.658（即每2.658人只能录取1人），仅1998年，就有214.7万人未能如愿进入普通高校学习。若再将通过1993—1998年高考报名人数与录取人数的比例得到的潜在规模和通过普通高中毕业生数与录取人数的比例得到的潜在规模进行平均，1998年普通高等教育的总需求量为843.67万人。而1998年普通高校本专科在校生数约为340.87万人，供给缺口为503万人①。这足以说明民众对高等教育的巨大需求。

表4-5　　　1993—1998年高考报名数、高中毕业生数与录取人数

	1993年	1994年	1995年	1996年	1997年	1998年
高考报名人数（万人）	286	251	253	267	284	320
高考录取人数（万人）	98	99	101	104	108	116
报名录取比	2.9	2.5	2.5	2.6	2.6	2.8
高中应届生数（万人）	232	209	202	205	222	252
应届生数与录取数比	2.4	2.1	2	2	2.1	2.2

资料来源：历年《普通高等学校招生年鉴》。

第三，转型初期高等教育要追赶国际水平，必然要求高等教育加速发展。经济转型加快了中国融入全球化大潮的步伐，也强化了中国高等教育追赶国际水平的决心。20世纪末，世界各国普遍出现了高等教育扩张的趋势。相比之下，中国高等教育规模偏小，影响了其国际地位。

从国际比较的角度看，1996年东亚和太平洋地区的高等教育毛入学率平均水平为8%，中低收入国家的平均水平为14%，世界平均水平为19%，而我国只有6%，不仅低于发达国家，也低于发展中国家，与国际上通行的15%的大众化水平更是相差甚远②。再从毛入学率与经济发展水平的关系看，1999年北京大学李文利、闵维方教授进行回归分析后发现，从世界范围看，高等教育毛入学率与人均GNP和人口负担率的二次曲线方程有最佳的拟合优度。按照中国的经济发展和人口负担水平，2010年中国高等教育毛入学率应达到15%；当人均GNP达到2000美元时，毛入学率应接近20%（见表4-6）。而且，我国成年人口1996年预期平均受教育程度为9.26年，而实际值为8.33年，说明教育存量也存在差距③。因此要弥补与国际水平的差距，高等教育必须加速发展。

---

① 北京大学课题组. 关于扩大高等教育规模对短期经济增长作用的研究报告［R］. 教育部官方网站，http://www.edu.cn/zong_he_311/20060323/t20060323_12479.shtml, 2001.
② 魏新, 李文利. 中国高等教育需求与规模速度研究报告［R］. 中国教育与计算机科研网, http://www.edu.cn/20010827/208587.shtml.
③ 李文利, 闵维方. 中国高等教育发展规模的现状和潜力分析［M］. 高等教育研究, 2001（2）.

表4-6　　　　　　　人均 GNP 与高等教育毛入学率的模拟

人均 GNP（美元）	750	860	900	1000	1500	2000
高等教育毛入学率（%）	15.5	15.82	15.94	16.23	17.68	19.09

综上所述，在转型初期，中国高等教育供给滞后于经济社会发展和人民群众日益增长的教育需求，在国际上也落后于同等发展水平的国家。因此，在转型初期高等教育扩张是历史必然的选择。

（二）转型初期高等教育投入结构调整的历史逻辑

理论界普遍认为，教育从本质上讲具有劳动密集型的特征，是一种成本递增的产业。所以，高等教育规模的扩张须以高等教育经费水平的提高为依托，否则高等教育的质量会出现一定幅度的滑坡①。处于稳定良性的财政状态中的高等教育系统，为保证质量，即使控制了物价上涨的因素，生均成本也应该呈递增的趋势②。所以，除非高校存在严重的资源闲置，否则，高等教育规模的扩张必然伴随着教育投入的激增。

1998年，北京大学高等教育研究所抽样调查了我国616所普通本科院校的物质资源配置情况，以反映我国高校的办学潜力③。研究结果显示，大多数高校的各类物质资源均处于不足状态，低于教育部《核定普通高等学校招生规模办学条件标准》的规定。对于综合性院校、农业类院校、医药类院校、政法类院校来说，各种物质资源均处于短缺状态；工科类院校在教学仪器设备方面尚有一定的潜力可挖；此外，还有一些类型的高校，如林业类、师范类、艺术类、民族院校等在图书配置方面还有一些潜力。但从各类物质资源的综合配置来看，普通高校扩大招生规模的潜力不大。因此，若要进一步大规模扩张普通高等教育，就必须对普通高校给予新的大规模的投入。而按照谁受益谁承担的原则，新增高等教育资金来源无非是国家、社会和个人三条途径。哪一条途径更有潜力呢？

第一，转型初期国家财力紧张，制约了高等教育的财政投入能力。1992—

---

① 闵维方. 高等教育运行机制研究 [M]. 北京：人民教育出版社，2002：110.
② 丁小浩. 高等教育财政危机和成本补偿 [J]. 高等教育研究，1996（2）.
③ 北京大学课题组. 关于扩大高等教育规模对短期经济增长作用的研究报告 [R]. 中国教育与计算机科研网，http://www.eol.cn/20030528/3085626.shtml.

2005年是我国高等教育历史上增长最快的时期。2005年普通高校在校本专科生达到1562万人,毛入学率达到21%,两项指标分别比1992年增加约7倍和6倍①。短期内实现如此迅猛的增长,其资金需求可想而知。然而面对巨大的资金需求,转型初期国家财力却十分紧张,缺乏与高等教育规模同步增长的能力。其原因在于,1992—2005年是公共财政的创建期,即计划财政向公共财政转型的过渡初期。在这一特殊时期,按照时任财政部副部长王军的表述,国家财政"既有公共财政的特点,又有计划财政、建设财政的痕迹"②,因而其在收支环节具有"弱财政"和职能多元的特点,导致财政收支矛盾突出,制约了高等教育的财政供给能力。

首先,国家财力弱化。公共财政理念要求政府要有充足财力满足公共品供应。然而改革开放初期,为激励微观经济主体积极性,我国实行放权让利政策,财政收入增速经常大幅度低于GDP增速,导致财政收入占GDP比例不断降低,削弱了国家财力。1996年以后,国家开始集中财力,财政收入占GDP比重逐渐回升(见图4-1)。但总体来看,国家财力依然有限。这是由于国家财政增收的基数较小,更重要的原因还在于公共财政收入机制仍未彻底摆脱计划色彩。这主要表现为:公共权力机构惯性介入财政领域,自收自支,大量公共资金游离于预算之外,不但引起税费错位,而且导致国家财政难以统筹政府收支,肢解了财政职能,严重影响公共产品的资金来源;此外,税源监控和税收征管"宽打窄用"、土地和财产等存量财富税种收入少、国民收入低导致缺乏超额税收累计效应等因素,都影响了财政收入规模。

由于上述原因,1992—2005年财政收入占GDP的比例最高也只达到17%(见图4-1)。据国际货币基金组织统计,2006年21个发达国家和30个发展中国家的财政收入平均占GDP的45.3%和35.9%③(部分发展中国家财政收

---

① 整理自1992年和2005年《中国教育统计年鉴》。
② 王军. 转型期公共财政 [M]. 北京:人民出版社,2006:3.
③ 李雁争. 我国财政收入占GDP比重低于国际水平 [N]. 上海证券报,2009-05-07(7).

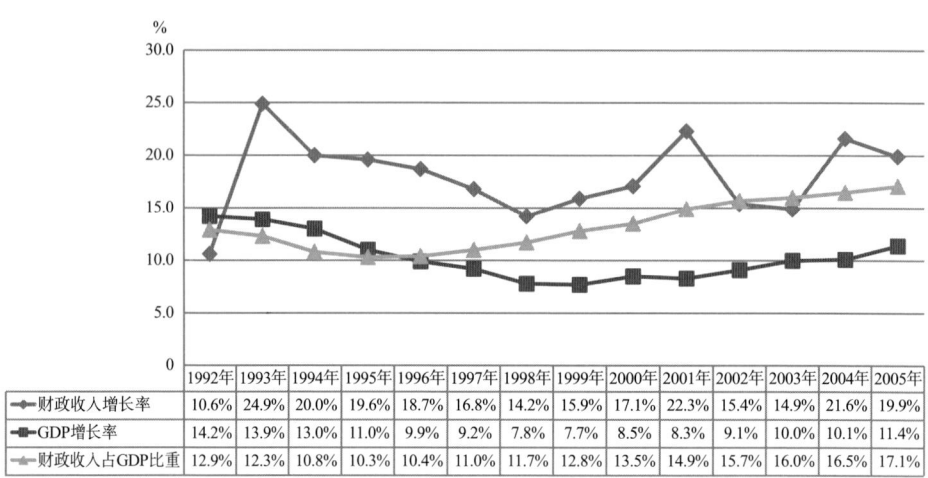

图4-1 1992—2005年财政收入增长率、GDP增长率与财政收入占GDP比重

入占GDP的比重如表4-7所示),均远高于我国同期水平①。可见,财政收入的GDP占比偏低,从根本上制约了政府的高等教育投入能力。

表4-7　　　　　　　部分发展中国家财政收入的GDP占比

国家	南非	斯洛伐克	波兰	捷克	保加利亚	伊朗	阿根廷	智利
年份	2006	2006	2006	2006	2006	2004	2004	2006
比重	37.3	35.1	39.1	38.1	40.0	30.7	29.4	27.8
国家	哥伦比亚	玻利维亚	秘鲁	巴西	马来西亚	泰国	越南	印度
年份	2005	2006	2005	2004	2003	2006	2003	2005
比重	32.0	50.9	18.7	35.8	26.1	22.0	24.1	21.9

资料来源:联合国教科文组织网站。

其次,支出任务多元。公共财政理念要求财政支出主要用于公共品供应,然而创建期公共财政支出目标却具有多元性。在计划财政体制下,国家财政具有明显的经济导向,经济建设支出一般占财政支出的一半以上。进入公共财政创建期以后,经济建设支出占比虽有所降低,但由于体制惯性,财政仍有很强

---

① 需要指出的是,对于中国的财政收入规模问题,学界有不同的看法。如高培勇(1997)就认为,按照国际通行的政府收入口径,我国的政府收入,除了列入预算之外,还应包括预算外收入、未纳入预算外管理的制度收入和财政收入退库等等。按此口径计算,我国政府收入大约占GDP的25%(1997年标准)。但即便采信这一观点,我国1997年政府收入占GDP 25%的比例也是偏低的。

的经济管理职能。一方面，出于保障国民经济的"软着陆"的需要，必须维持包括竞争性领域在内的建设项目的基本运行；另一方面，正如马斯格雷夫的"财政支出阶段论"所指出的，在经济转轨初期，交通、通信等基础设施的外部效益极大，但其投入大、回收慢，私人部门往往无力或不愿投资，国家财政必须弥补市场失灵，为经济起飞创造条件。据统计，1990—2002年我国基本建设投资年均增长率比前10年高15个百分点，其中多数是财政投资，1998—2002年国家发行的基础建设投资国债就达6000亿元①。基于上述原因，1992—2005年经济建设支出占财政支出平均超过1/3（约36%）②，占用了大量的财政资金。新旧体制交替之际，社会运行规则和利益格局发生剧烈变动，社会不稳定因素增多。为此，国家要在短期内完成社会保障与安全网等社会基础项目从无到有的初始建设，必须承担利益受损群体补贴、失业人员安置、群体性事件维稳等诸多阶段性任务。这些多元化的支出任务加剧了高等教育财政供给能力的紧张。

由于财政支出任务多元，1992—2005年高等教育政府筹资从146亿元增长到1128亿元，年均增长率为15%，低于同期17%的财政收入年均增长，表明高等教育财政支出落后于财政收入增长，导致高等教育财政投入占GDP的比例最高不过0.65%（2002年），2005年只有0.62%（见表4-8），而联合国教科文组织2005年数据显示，同期21个发达国家和64个发展中国家的比例分别是0.99%和0.74%，均高于我国（见表4-9）③。

表4-8　　　1992—2005年中国高等教育财政经费占GDP比重　　　单位：亿元

	年份	1992	1993	1994	1995	1996	1997	1998
扩招前	GDP	26923	35334	48198	60794	71177	78973	84402
	高等教育财政投入	147	153	181	230	265	309	375
	占比（%）	0.55	0.43	0.38	0.38	0.37	0.39	0.44

---

① 刘铮，周英峰. 改革开放以来我国基础产业和基础设施建设成绩斐然［EB/OL］. http：//www.gov.cn/gzdt/2008 - 10/30/content_1135672.htm，中央政府官网，2008 - 10 - 30.
② 数据整理自《中国财政统计年鉴》（1992—2005年）.
③ 岳昌君. 中国高等教育财政投入的国际比较研究［A］. 中国高等教育学会，浙江省人民政府. 遵循科学发展 建设高等教育强国：2009年高等教育国际论坛论文集［C］. 2009：6.

续表

	年份	1999	2000	2001	2002	2003	2004	2005
扩招后	GDP	89677	99215	109655	120333	135823	159878	184937
	高等教育财政投入	465	556	657	782	869	1001	1129
	占比（%）	0.52	0.56	0.60	0.65	0.64	0.63	0.62

表4-9　　　2005年世界各国高等教育财政经费占GDP比重

国家	巴西	俄罗斯	印度	韩国	美国	英国	法国	德国	意大利
占比（%）	0.77	0.79	0.63	0.6	1.05	0.92	1.1	0.92	0.94
国家	21个发达国家平均			64个发展中国家平均			83个国家平均		
占比（%）	0.99			0.74			0.82		

资料来源：UNESCO, Education Data and Indication, 2009.

在既定财政支出规模下，我国财政支出已经尽可能地向高等教育倾斜。表4-10显示，1992—2005年我国高等教育财政支出占比最低为3.10%，最高为3.90%。对比同期美国、印度、日本、古巴4国（见表4-11），中国财政投入的占比总体高于同为发展中国家的印度和古巴，也高于发达国家日本，表明我国高等教育财政支出在财政支出中的占比已经较高。

再从教育经费的内部分配上看，转型初期，我国基础教育欠账多，多数教育投入本应用于基础教育发展，尤其是中西部地区和农村义务教育领域。然而国家财政的投资重心一直倾向于高等教育。据统计，1992—2005年，高等教育财政支出占公共教育支出的20%以上，高于同期18%的国际平均水平[1]；1992—1995年高等教育生均国拨经费是中学生均国拨经费的10倍以上，是小学生均国拨经费的20倍以上。1996—2000年高等教育经费增长了3倍，而中等教育和初等教育经费只增长0.6倍左右[2]。

最后，从国际比较角度看，按国际通行的标准，人均GNP为600—2000美元时（1997年中国人均GNP为736美元），初、中、高三级教育财政经费比例为41:29:18，而我国1997年三级教育比例为32:37:20，高等教育经费已

---

[1] 陈鸣，朱自峰. 中国教育经费论纲［M］. 北京：中央编译出版社，2008：169.
[2] 上述数据整理自《中国教育统计年鉴》和《中国教育经费统计年鉴》。

经挤占了基础教育经费①。这也表明，转型初期国家对高等教育的投入几乎达到财力极限。要保障高等教育扩张，指望国家财政拿出更多的资金是不现实的。

表4-10　　1992—2005年中国高等教育财政经费占财政支出比重　　单位：亿元

	年份	1992	1993	1994	1995	1996	1997	1998
扩招前	高等教育财政投入	147	153	181	230	265	309	375
	财政支出	3742	4642	5793	6824	7938	9234	10798
	占比（%）	3.90	3.30	3.10	3.40	3.30	3.30	3.50
	年份	1999	2000	2001	2002	2003	2004	2005
扩招后	高等教育财政投入	465	556	657	782	869	1001	1129
	财政支出	13188	15887	18903	22053	24650	28487	33930
	占比（%）	3.50	3.50	3.50	3.50	3.50	3.50	3.30

资料来源：1992—2005年《中国统计年鉴》和《中国教育经费统计年鉴》。

表4-11　　　　4国历年财政性高教经费占财政支出的比重　　单位：%

国家	1999年	2000年	2001年	2002年	2003年	2004年	2005年
美国	4.48	4.48	4.50	3.83	3.98	3.51	3.53
印度	2.22	2.58	2.58	2.58	2.15	2.14	2.10
日本	1.22	1.60	1.59	1.58	1.63	1.75	1.64
古巴	2.18	2.66	2.87	3.27	3.72	4.23	3.67

资料来源：UNESCO, Education Data and Indication, 2009.

综上所述，1992—2005年，由于我国处于转型初期，国家财力不足且面临多重支出任务，再加上教育事业历史欠账严重，因此尽管国家尽可能地将财政资金向高等教育倾斜，也难以完全实现财政投入与高等教育规模的同步增长。在这种情况下，高等教育必须通过其他渠道来筹集扩张资金。

第二，转型初期民间资本羸弱，社会办学有待规范，教育捐赠制度不畅，制约了社会资本的高等教育投入能力。既然财政投入已达财力极限，那么社会投入能否成为高等教育扩张的主要资金来源呢？事实上，转型初期社会资本也

---

① 陈鸣，朱自峰. 中国教育经费论纲［M］. 北京：中央编译出版社，2008：169.

不具备这个条件，其原因在于：

首先，高等教育社会投入主要来源于民间资本①，而在转型初期民间资本相对羸弱，并不具备大规模投入高等教育的能力。改革开放前，我国所有制结构一直以公有制为绝对主体，1978年公有制经济在GDP中占比高达99.1%②，非公有制经济几乎被消灭。党的十一届三中全会以后，个体和私营经济逐步发展，1992年市场经济转型进一步促进了民营经济发展。但由于历史基础薄弱，民营经济在转型初期实力依然有限，1997年非公有制经济增加值仅占GDP的22.4%，2002年也只相当于GDP的1/3③。在关系国民经济命脉的关键领域，非公有制经济依然处于边缘地位。民间资本规模和控制力有限，限制了高等教育社会投入的规模和质量。

其次，民办高等教育起步晚，办学质量低，营利动机强，短期内难以成为高等教育大众化的主力军。西方国家的许多老牌名校系私人财团兴办，办学目的既有造福社会之意，也有免交高额累进税或遗产税的一面，因此办学起点高，很少以营利为目的，其办学质量并不亚于公办高校④。相比之下，我国民办高等教育在新中国成立初期一度全部转制为公立学校或被关闭，直至改革开放后才逐渐恢复。到1996年各类民办高等教育机构1219所，学生114万人，只相当于公办高校学生数的1/5，其中具有颁发学历授予资格的学校21所，学生仅1.4万人，与公办教育相距甚远（见表4-12）⑤。在办学质量方面，2000年国家教育发展研究中心的调查显示，多数民办高校在办学历史、办学条件、办学规范性、教学质量、学生就业、社会认可度等方面，均远逊于公办高校⑥。同时，北京大学的调查报告也显示，我国民办高等教育的发展不尽如人意，其主要原因并非是教育管理部门管得太死，或审批民办高校条件过高。

---

① 从所有制的角度看，民间资本主要是指非公有制经济成分，它包括私营经济、个体经济、其他经济和混合所有制经济中的私营和个体成分。

② 经济结构调整成效显著. http://www.cctv.com/special/833/-1/60618.html.

③ 施发启，等. 中国经济五十年结构调整不平路［N］. 中国证券报, 2006-10-16.

④ 西方也有少数以营利为目的的私立高校，但这些机构大多注册为营利性机构，不享受税费减免等优惠条件，等同于企业运营。而我国民办高校即使存在营利目的，为了降低办学成本，绝大多数仍然注册为非营利机构，享受国家在税费、土地等方面提供的优惠待遇。

⑤ 中国民办高等教育发展概况［J］. 大学周刊, 2006-05-18.

⑥ 国家教育发展研究中心. 2001年中国教育绿皮书［M］. 北京：教育科学出版社, 2001.

事实上,当时我国多数民办高等学校都不拥有自己的校舍与师资,也缺乏初期投入,仅靠收取学生的学费来支付房租和授课费,并且许多学校以营利为目的,办学条件极差且长期得不到改善,难以保证教学质量。这与西方私立高校有很大的不同[①]。所以只有严格审批条件,加强监管,才能保障民办高等教育健康发展,但这客观上又会限制其发展速度。因此,转型初期我国民办高等教育虽取得了一定成绩,但无论从办学规模,还是从办学层次来看,民办高等教育仍处于初级阶段,短期内依靠民办高校实现高等教育大众化缺乏可行性。

表4-12　　　　　　我国公办与民办高等教育规模的同期对比

	1996年	1997年	1999年	2000年
公办高校(所)	2149	2107	1905	1813
民办高教机构(所)	1219	1115	1277	1321
公办在校生数(万人)	566.28	588.46	714.31	909.73
民办学生数(万人)	114.5	120.4	148.8	98.17
公办与民办学生比	4.95:1	4.89:1	4.8:1	9.3:1

资料来源:1992—2000年《中国教育统计年鉴》。

最后,我国教育捐赠的经济、制度和文化基础不成熟,影响了高校捐赠收入。教育捐赠是高等教育经费的重要筹资方式。西方许多名校都是私人捐赠而来的。1995年美国高校捐赠收入达到164.65亿美元,比1985年增长114%;私立高校捐赠收入占教育经费的13%以上;在1999—2000财政年度,美国公立大学捐赠和基金收入超过5%,而私立大学超过14%[②]。相比之下,转型初期我国教育捐赠规模小,来源不稳定,1993—2005年社会捐赠占高等教育投入最高不超过2.18%,最低只有0.7%[③]。

转型初期,我国高校捐赠少的原因是多方面的:首先,教育捐赠水平与一国的经济发达程度有关,而转型初期我国仍属于欠发达国家,群众生活不富裕,缺乏教育捐赠的经济基础。其次,西方国家深受宗教教义"爱与给予"

---

① 北京大学课题组.关于扩大高等教育规模对短期经济增长作用的研究报告[R].中国教育与计算机科研网.http://www.eol.cn/20030528/3085626.shtml.
② NCES. Digest of American Educational Statistics 2002. http://nces.edu.gov.
③ 整理自1992—2005年《中国教育经费统计年鉴》(1992年未公布高等教育投入数据)。

的影响,其捐赠文化源远流长。而中国古代虽有捐资助学的传统,但新中国成立后高校办学长期由政府包办,缺乏社会捐赠的必要,民国时期初步形成的高校捐赠文化几乎中断。20世纪90年代后高校捐赠虽有所恢复,但要培育浓厚的捐赠文化氛围尚需时日。最后,我国鼓励高校捐赠的机制尚不完善。相比欧美国家,我国缺乏教育捐赠的专门立法,也缺乏激励教育捐赠的遗产税和赠与税立法,而《个人所得税法》《个人所得税法实施条例》与2004年《关于教育税收政策的通知》又存在明显冲突,影响了税收政策对高校捐赠的激励效应。此外,由于转型初期我国金融、评估、审计、会计等制度和机构有待建立和完善,因而难以对非货币资产捐赠进行准确评估,捐赠形式只限定于单一的货币资产,也影响了高校捐赠力度。

综上可知,在我国市场化转型初期,民间资本相对薄弱,无论是民办高等教育,还是高等教育捐赠,普遍缺乏成熟的经济基础、制度环境和文化环境,这是一个难以逾越的历史阶段。在这种情况下,社会资本投入难以弥补国家投入的不足。

第三,转型初期高等教育需求和居民收入水平的提升,为大规模的个人投入创造了条件。从个人投入看,1999年高校扩招前,个人投入占高等教育经费的比重很低,除了1998年达到近1/3之外,其他年份占比均不足1/5(见表4-13),这意味着个人投入占比不高,还有增长潜力。

表4-13　　　　1992—2005年个人投入占高等教育投入比重　　　　单位:亿元

	年份	1992	1993	1994	1995	1996	1997	1998
扩招前	个人投入	9	10	26	45	56	72	163
	高等教育投入	162	167	220	292	346	415	587
	占比(%)	5.6	6.2	11.9	15.2	16.3	17.4	27.7
	年份	1999	2000	2001	2002	2003	2004	2005
扩招后	个人投入	234	345	473	644	779	950	1159
	高等教育投入	753	967	1213	1528	1779	2104	2658
	占比(%)	31.0	35.7	39.0	42.1	43.8	45.1	43.6

资料来源:1992—2005年《教育经费统计年鉴》。

高等教育个人投入的增长潜力首先取决于民众的高等教育消费意愿和消费能力。前文研究表明，我国高等教育资源一直比较稀缺。仅1998年潜在的高等教育供给缺口就高达503万人。表4-4显示，转型初期居民人均可支配收入呈递增趋势，1992—1998年城乡居民人均收入分别增长2.67倍和2.75倍，这就为高等教育个人投入的增加提供了基础。再从总体消费能力看，表4-14显示，1992—2005年城乡居民储蓄存款余额增长迅猛，1998年已相当于GDP的6成多，2003—2005年更增至GDP总额的3/4。子女教育一向是中国城镇家庭储蓄的主要动机之一，据1999年中国社科院李培林博士和胡鞍钢博士估计，全国居民潜在的教育费用支出可达2500亿元，相当于当年的全国教育总经费。而1998年高等教育个人投入占储蓄余额的比值仅为0.3%，表明高等教育个人投入增长潜力依然很大。

表4-14　　　　1992—2005年高等教育个人投入与居民储蓄金额

	年份	1992	1993	1994	1995	1996	1997	1998
扩招前	个人投入（亿元）	9	10	26	45	56	72	163
	储蓄余额（亿元）	11759	15204	21519	29662	38521	46280	53408
	储蓄余额增长率（%）	27	29	42	38	30	20	15
	储蓄余额与GDP比（%）	43	43	45	49	54	59	63
	个人投入与储蓄余额比（%）	0.08	0.07	0.12	0.15	0.15	0.16	0.30
	年份	1999	2000	2001	2002	2003	2004	2005
扩招后	储蓄余额（亿元）	59622	64332	73762	86311	103617	119555	141051
	储蓄余额增长率（%）	12	8	15	17	20	15	18
	储蓄余额占GDP比（%）	62	65	67	71	76	75	76
	个人投入（亿元）	234	345	473	644	779	950	1159
	个人投入与储蓄余额比（%）	0.39	0.54	0.64	0.75	0.75	0.79	0.82

资料来源：1992—2005年《中国金融年鉴》。

最后从中国家庭的高等教育消费能力与规模的对应关系看，北京大学课题组1997年通过调研9所普通高等学校近万名学生发现：假定政府对高等教育的事业费支出保持不变，普通高校的规模可能达到386万人，比实际在校生规模高出近70万人。倘若适当资助贫困生，学费上限为3000元，比1997年生均1620元的实际学费水平高出约1260元。若政府适当增加经费，可以达到在校生 405 万—410 万人，学费水平为 3000—3550 元。将上述估算结果与 1998—1999 年的高等教育实际规模和学费水平对照发现，两者是大致吻合的：1998 年高等教育实际规模为 340 万人，略低于 1997 年的估计值，而 1999 年高等教育实际规模为 413 万人，生均学费增长至 2769 元，均略高于 1997 年乐观估计值①。从实践看，上述计算结果是不乏依据的。同时这也说明，在转型初期，无论是消费意愿，还是消费能力，我国都已具备了大规模增加高等教育个人投入的条件。在这一背景下，提高学费标准，增加高等教育个人投入，就成为解决高等教育扩张资金需求的主要手段。

综合上述分析可知，1992—2005 年高等教育投入结构演进的逻辑可概括为：高等教育成本分担原本是市场经济与财政转型的必然要求，然而在高等教育扩招的影响下，转型尚未到位的国家财政难以对高等教育大众化充分履行公共财政职能，导致了高等教育投入结构持续的财政投入比例下降和个人投入比例上升，不仅总体上越过了个人投入不超过生均教育成本 25% 的政策红线，也造成了财政的过度退出与缺位，加重了群众负担。

第三节　2006—2015 年高等教育投入结构演进的背景与历程

体制转型是一场深刻的变革。按照西方新制度学派的理论，制度实际上是一个利益分配方案，其稳定运行表明各方利益博弈达成了均衡，而当制度发生变迁时，各种利益关系就处于动荡、冲突和再分配之中。同理，中国从计划经济向市场经济的体制转型，固然促进了经济社会发展，增强了综合国力，但也不可避免地会触动原有的利益格局，形成了利益重组的新局面，不同社会利益群体之间的矛盾将大量出现，引发明显的社会震荡、失衡或错位。根据国际经验，在人均 GDP 从 1000 美元向 3000 美元跨越的时期，既是发展黄金期，又是社会矛盾凸显期，政治、经济和社会问题频发，容易出现经济社会发展徘徊不前乃至动荡和倒退现象。21 世纪初期，我国人均 GDP 已进入了从 1000 美元向 3000 美元跨越的关键阶段，经济社会中累积了大量矛盾，这主要表现为城

---

①　丁小浩，陈良焜. 高等教育扩大招生对经济增长和增加就业的影响分析 [J]. 教育发展研究，2000（2）：9-14.

乡差距和贫富差距扩大、就业矛盾突出、收入分配失衡、权力腐败、社会观念冲突、社会治安恶化等问题，再加上经济全球化的外部压力，对我国经济社会稳定发展和党的执政能力提出了挑战。

面对纷繁复杂的转型期社会矛盾，在2003年党的十六届三中全会上，中共中央适时提出坚持以人为本、树立全面协调可持续发展的科学发展观，为和谐社会战略的提出奠定了思想基础。2004年党的十六届四中全会上，中共中央正式提出了"社会主义和谐社会"的概念和执政目标，力求营造一种和睦、融洽，各阶层齐心协力的社会状态。在本次会议上，党中央表示要"坚持最广泛最充分地调动一切积极因素，不断提高构建社会主义和谐社会的能力"。2006年十六届六中全会上，党中央通过了《关于构建社会主义和谐社会若干重大问题的决定》，全面深刻地阐明了特色社会主义和谐社会的性质和定位、指导思想、目标任务、工作原则和重大部署，提出推动社会建设与经济建设、政治建设、文化建设四位一体协调发展，这也标志着公共政策重心由经济政策向社会政策转变。2007年党的十七大将以人为本的科学发展观确立为根本指导思想，并再次强调了构建社会主义和谐社会的重要性，社会政策目标被明确为改善民生，扩大公共服务，完善社会管理，推动建设和谐社会。由此，构建和谐社会成为新的时代主题。

和谐社会理念提出后，我国民生事业发展进入快车道。党一直十分重视改善民生，但党对改善民生的认识也有一个发展过程。如果说改革开放前20年，改善民生基本上从属于经济建设的话，那么随着经济社会发展和党对执政规律认识的深化，民生建设逐渐与经济建设一道，成为党的中心工作。此后，我国在精准扶贫、新农村建设、医疗卫生、教育、环境保护、收入分配制度、社会保障、基层服务等领域陆续实施了一系列重大改革，党风廉政建设和反腐败工作持续深入，政治清明的风气正在树立。在上述一系列部署指引下，我国以改善民生为重点的社会建设得到大力推进，其成就主要体现为：

一是优先发展教育。根据中央统筹安排，2008年全国全面实施了城乡免除学杂费等的义务教育，义务教育迎来了历史性发展机遇。"十一五"末基本扫除青壮年文盲，基本普及义务教育，职业教育在校生数量稳步增加，高等教育毛入学率已接近普及化水平。二是加快推进收入分配制度改革。党的十七大提出初次分配和再分配都要处理好效率和公平的关系、再分配更加注重公平的思想。与此同时，党和政府采取一系列措施，普遍提高城乡居民收入，重点改善低收入群体和困难群众生活，继续推进收入分配制度改革。三是加快建立覆盖城乡居民的社会保障体系。十六届六中全会提出2020年基本建立覆盖城乡居民社会保障体系的目标。按照这一目标，2007年3月提出建立健全覆盖城乡居民的基本医疗卫生制度的长远目标；2009年在全国开展新型农村社会养老保险试点；2011年在全国启动城镇居民养老保险试点；2016年1月国务院印发《关于整合城乡居民基本医疗保险制度的意见》，要求城乡居民医保制度政策实现"六个统一"。四是强化公共卫生服务。党的十七大把"人人享有基本医疗卫生服务"确定为全面建设小康社会的目标要求。为此，我国进行了新中国成立以来规模最大的公共卫生体系建设，基本建成了覆盖城乡、功能比较完善的疾病预防控制体系和应急医疗救治体系，县、乡、村三级医疗卫生机构基础设施建设步伐加快。2007年3月，中共中央发布了切实缓解看病难、看病贵的五项重点改革措施；2009年至今推进医药卫生体制改革深化，明确提出2020年基本建立覆盖城乡居民的基本医疗制度。五是完善社会管理。2004年党的十六届四中全会提出要"加强社会建设和管理，推进社会管理体制创新"。2007年党的十七大提出要"完善社会管理，维护社会安定团结"。经过多年探索，我国初步形成了党委领导、政府负责、社会协同、公众参与的社会管理格局。六是加快"三农"建设。2005年12月，中共中央、国务院发出《关于推进社会主义新农村建设的若干意见》，全面推进新农村建设；自2006年起，全面免征农业税，结束了种田交税的历史；2006年7月，提出在全国建立农村最低生活保障制度；2009年8月，提出到2020年前基本实现农村社会养老保险全覆盖。

随着和谐社会理念的提出，高等教育发展的理念也发生了转变。高等教育发展是一项复杂的系统工程，它不仅需要效率观念，更应具有充分的公平意识。然而在转型初期，在"效率优先"和"经济中心主义"导向的作用下，高等教育发展一度陷入了片面追求规模、速度、数量、层次等绩效指标的误区，使得教育公平一定程度上受到了忽视。所以当高等教育供给大有改观，群众有条件追求更理想的教育时，科学发展观与和谐社会理念的适时提出，是对以往"教育GDP中心论"的一种纠正。相比以往,新的教育发展观更加强调教育公平的价值,强调人的价值。为纠正以往发展中的偏差,自2006年开始,政府陆续采取了强化政府的教育责任、实行免费义务教育、实施西部地区"两基"攻坚计划等一系列措施,以保障弱势群体的受教育权利,教育公平逐渐成为教育政策的基本价值。2007年5月,国务院发出《关于建立健全普通本科高校高等职业学校和中等职业学校家庭经济困难学生资助政策体系的意见》,高校学生资助的覆盖面和力度大大加强,高等教育更加公平。

由此可见,构建和谐社会的宏观背景与公平导向的新教育发展观为控制高校学费上涨、加大高等教育财政投入提供了有利的时代环境和价值指引。

高等教育个人投入占比的上升是通过提高学费实现的。20世纪90年代以前,部分高校只是象征性地收取200元左右的学费,1996年高校收费并轨后平均收取1300元左右,到1999年翻了一番,达2600元左右,2005年更是达到生均5000元左右①。从社会总体消费能力来看,2005年高等教育个人投入只占居民储蓄余额的1/168,比重并不大,但按照同期城镇年人均可支配收入10493元、农村年人均纯收入3255元的均值来看②,高校收费明显超出了低收入家庭的承担能力,再加上当时学生资助体系建设滞后,部分学生因贫困而难以入学或生活困难,高校收费开始受到社会质疑,高等教育个人投入占比的历史合理性与价值合理性也出现了背离。面对这一形势,国家开始采取措施,加大财政投入,降低个人投入力度。

2006年开始,高校扩招步伐加快:1992—2005年高等教育毛入学率从3.5%增至21%,年均增长1.3个百分点,而2006—2015年高等教育毛入学率从22%增至40%,年均增长1.8个百分点,增速高于上一阶段⑦。同期财政投入增长更快:2006—2015年,高等教育财政投入从1302亿元增至5930亿元,增长3.56倍,年均增长16.3%③,高于同期14.5%的财政收入年均增长率。④高等教育政府财政投入占比增长近两成:2006年高等教育财政投入约占总投

---

① 整理自相关年份《中国教育经费统计年鉴》。
② 整理自2005年《中国经济统计年鉴》。
③ 整理自2006年和2015年《中国教育经费统计年鉴》。
④ 整理自2006年和2015年《中国财政统计年鉴》。

入的四成,到 2010 年增至五成,到 2015 年进一步增至六成,接近 1999 年扩招初期水平。政府的高等教育筹资主渠道职能回归。

政府开始控制个人投入规模,其主要方式是连续五年实行学费限价(2007—2012 年)。学费限价后,学费涨幅平缓,截至 2013 年全国普通本科和高职院校的生均学费为 5775 元和 5164 元,占城镇家庭户均收入的 7%,占农村家庭户均收入的 17% 与 15%,收费水平总体回归到居民经济能力和生均成本 25% 的合理范围内①。2006—2015 年高等教育个人筹资从 906 亿元增至 2058 亿元(见表 3-1),增长仅 1.27 倍,年均增长 8.5%,只有政府筹资规模增速的一半。2006 年高等教育个人投入约占总投入的 1/3,到 2013 年回落至 1/4,2015 年进一步降至约 1/5,也恢复到 1999 年的水平,实现了高等教育投入结构中财政投入比例的回升和个人投入比例的回调。

第四节 2006—2015 年高等教育投入结构演进的历史逻辑

高等教育公平有利于促进阶层合理流动,是构建和谐社会的重要推动力量。然而自高校扩招以来,学费不断上涨,加重了群众负担,造成了部分贫困家庭子女入学与生活困难,与构建和谐社会的要求相悖。在这一背景下,加大高等教育财政投入比例,减轻群众负担,就成为消除转型期社会矛盾,促进社会和谐的重要举措。由此,高等教育财政政策开始由偏重效率转向追求公平。

更重要的是,公共财政体制的完善为高等教育财政投入比例的回升提供了经济条件。高等教育财政投入的增长建立在国家财力充实的基础上。如果说 21 世纪初期高等教育政府筹资比例下滑主要受制于财政转型不到位引起的公共财政履责能力不足,那么 2006 年以后,我国公共财政体系日趋完善,政府收入更加充裕,再加上和谐社会建设等外部动因的激励,公共财政的履责能力早已今非昔比,这就促成了高等教育政府筹资比例的回升。

---

① 晋浩天. 教育部权威解答学费调整该怎么看[N]. 光明日报,2014-08-22(6).

第四章　1992—2015年高等教育投入结构演进的逻辑

2005年，我国基本建成公共财政基本框架①。此后的2006—2015年是中国公共财政的完善期。从收入环节看，财政收入机制的规范增强了财政汲取能力。经济增长、税制设计和征管条件改善是财政收入增长的"三驾马车"。同样，在公共财政完善期，经济持续中高速增长扩大了财政收入基数。以往政府收入机制不规范制约了国家财力，使得国家财政缺乏通盘掌握公共物品的供给规模、结构及效益的能力，难以履行市场经济条件下的公共财政职责。而随着公共财政体系的逐步完善，各种预算外收入逐步被纳入预算范围，税费错位得到有效治理，政府收入更加统一规范。税制设计更为科学严密，税收征管走向"应税尽税"，再加上土地和房产等存量财富税种增加，通货膨胀和超额累进带来的税收边际递增，进口关税增长等因素，我国财政汲取能力大大提升。因此2006—2015年，财政收入增速持续高于GDP增速，财政收入占GDP的比重从17.8%增至22.5%（见图4-2），收入规模从3.93万亿元增至15.2万亿元，年均增长率为14.5%②，从根本上提高了政府的高等教育投入能力。

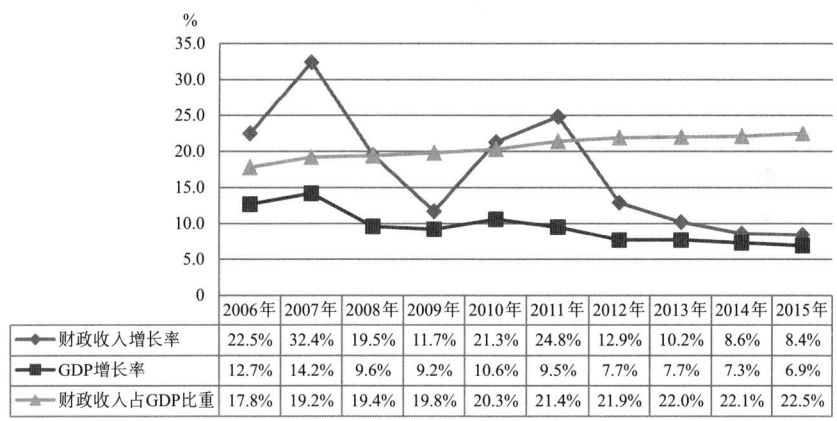

图4-2　2006—2015年财政收入增长率、GDP增长率与财政收入占GDP比重

资料来源：《中国财政统计年鉴》（2006—2015年）。

---

① 中国政府并未正式宣布公共财政基本框架建成的时间。但根据时任财政部副部长王军同志（现任国家税务总局局长）在其专著《转型期公共财政》中关于"目前中国已经建立起适应社会主义市场经济发展要求的公共财政基本框架"的判断（人民出版社，2006年，第4页），结合作者著文时间和上下文论述，这一时间应在2005年。鉴于王军同志当时在财政管理领域的官方权威身份，本书有理由采信这一判断。

② 数据整理自2006—2015年《中国财政统计年鉴》。

从支出环节看,这一阶段最大的变化是财政支出重点由经济建设转向公共服务。首先,经过前期大规模建设,中国基础设施已相对完备。据统计,1990年中国基础设施资本存量为1.2万亿元,居世界15位左右,到2008年增长到19.2万亿元,增长15倍多,按购买力平价计算已居世界首位①。所以在这一阶段,我国基础设施建设步伐总体放缓,同时私人部门经过多年发展,资本积累更为雄厚,日益成为经济投资的主要来源,再加上财政退出一般竞争性经济领域步伐加快,财政"越位"现象大幅减少,使得经济建设支出平均比重从公共财政创建期的36%下降到23%②。这也合乎马斯格雷夫对经济发展中期财政支出重点转换的解释。其次,随着经济管理职能的弱化,财政支出的社会管理职能得到加强。从内部结构看,进入公共财政完善期以后,社会矛盾虽然仍在向纵深发展,但社会安全与保障网络基本框架已建立,政府的执政经验也更丰富,再加上国民收入水平的提升,社会矛盾有所缓和,公共财政应对紧急突发事件的压力减少,财政支出得以更多地投向公共品的常规供给。2006年社会文教费支出达到财政总支出的26.83%,首次超越26.56%的经济建设支出比重,成为第一大财政支出项目③。此后社会文教支出占财政支出的比重总体呈增长趋势,这就为财政履行高等教育公共职能奠定了物质基础。

由此可见,2005年以后高等教育财政投入占比的上升和个人投入占比的回落同样是经济社会转型进入一定阶段后,政治、经济和财政等社会历史条件综合作用的必然结果。其演进逻辑可以概括为:经济社会深入转型提出了社会和谐的政治要求,公共财政体系的完善充实了国家财力。在新的时代主题下,国家加大高等教育投入,最终实现了高等教育投入结构中财政投入比例和个人投入比例的回归。

第五节 小结

1992年至今的经济社会转型是百年来中国社会的第三次转型。与1911年

---

① 赵雷,吕元祥,华中炜. 我国基础设施建设的国际比较研究[J]. 中国物价,2013(1):35.
② 整理自相关年份《中国财政统计年鉴》。
③ 整理自2006年《中国财政统计年鉴》。

结束封建帝制的辛亥革命和1949年确立社会主义制度相比，本次经济社会转型的核心任务是实现由计划经济体制向市场经济体制的转型。这一转变给中国的经济、社会和财政状况带来了深刻的变化，同时也是高等教育投入结构演进最重要的时代背景。

从演进逻辑看，无论是转型初期高等教育财政投入比例与个人投入比例的此消彼长，还是2005年以后高等教育财政投入比例与个人投入比例的回归，高等教育投入结构的演进特征都深深地嵌入转型期经济社会结构变动之中，折射出时代主题的变迁和体制转型的特征（见图4-3）。

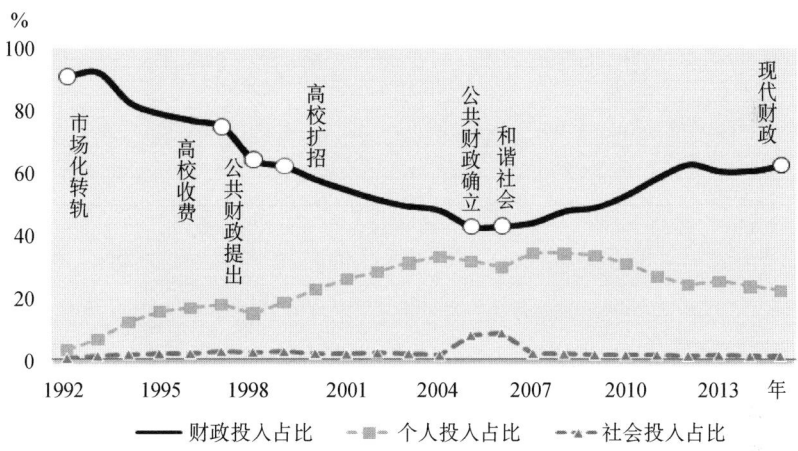

图4-3　1992—2015年高等教育投入结构演进中的重要事件

具体而言，在市场化改革启动初期，改革与发展成为新的时代主题：一方面，公共财政转型要求国家部分退出准公共领域，减少高等教育投入比例；另一方面，经济高速增长、高等教育消费能力提升、保障宏观经济稳定发展和高等教育国际化的要求，又使我国面临着高等教育大规模扩张的历史任务。鉴于当时国家财力紧张，公共财政体系不健全，高等教育历史欠账严重和民间又不具备大规模投入高等教育的现实条件，最具有开发潜力的个人投入就成为筹集高等教育扩张资金的主要来源。在这一阶段，国家投入占比与个人投入占比的此消彼长，不仅仅是财政转型和高等教育成本分担的理论要求，更是高等教育快速扩张的现实要求。与此同时，随着个人投入占比的上涨，学费水平超出了低收入家庭的承受范围，引发了社会异议，一定程度上影响了教育公平。因此在2005年之后，随着和谐社会成为新的时代主题，公共财政体制更加完善，国家财力逐步增强，高等教育投入结构演进趋势出现逆转，财政投入比例和个人投入比例逐渐回归到21世纪初期水平，高等教育公平重新得到保障。

第五章

转型期高等教育投入结构演进的合理性评价与历史经验

前文的研究明确了转型期高等教育投入结构"如何演进"以及"为何演进",那么本章将对其合理性及其历史经验进行评价和总结,进而为今后普及化阶段高等教育投入结构的优化提供价值与经验借鉴。以往的研究大多基于价值合理性评价,而忽略了历史合理性这一更为重要客观的评价维度。基于此,本章将从历史合理性与价值合理性两方面进行综合评价,深化以往的研究。

本章共分四节:第一节,介绍历史合理性与价值合理性的内涵;第二节,综合评价我国高等教育投入结构演进的合理性;第三节,引入国际案例,为我国高等教育扩张与投入结构演进的历史必然性和合理性补充更多的佐证材料;第四节,总结我国高等教育投入结构演进的历史经验;第五节,小结。

第一节 评价维度:历史合理性与价值合理性

面对相同的社会历史现象,人们何以评价不同?除了认识能力、历史观、社会地位与利益诉求等因素外,更可能的原因在于评价维度的不同。

价值合理性与历史合理性是人们评价社会历史现象的两种维度。所谓价值合理性,是指评价者基于特定价值观,对评价主体与评价对象(社会历史现象)的价值关系作出的主观评判,其本质是一种"合目的性"评价。这种评价维度虽然在生活中极为常见,但它忽略了事物的社会历史规定性,更多反映的是评价者的个人价值立场、主观意愿或特定历史阶段的主流意识形态(多数人评价一致时），因而评价结果缺乏客观性、普遍性和深入性，不利于全面认识其社会历史动因与社会历史影响，也容易造成认知和决策的主观化。

在马克思主义视野中，社会历史现象是否合理，应考察其"历史的合理性"。所谓历史合理性，即指社会历史现象可否推动生产力发展和人的全面发展，具有合乎社会发展规律要求的必然性，其本质是一种"合规律性"评价。

马克思在批判继承黑格尔关于"现实性、必然性与合理性"历史观的基础上认为，历史的合理性不能根据个人主观期望加以认定。虽然每个人都希望历史的发展符合自己的利益预期，但社会历史的生成与演进并不服从个人的意志与目的，而是按照它自己的规律或必然性运行。"历史是这样创造出来的：最终的结果总是从许多单个意志的相互冲突中产生出来的，而其中每一个意志，又是由于许多特殊的生活条件，才成为它所成为的那样。这样就有无数互相交错的力量，有无数个力的平行四边形，由此就产生出一个合力，即历史结果，因为任何一个人的愿望都会受到另一个人的妨碍，而结果就是谁都没有希望过的事物。"

历史合理性也不等于历史的完美和终结。这是因为，"历史同认识一样，永远不会在人类的一种完美理想状态中最终结束……相反，一切依次更替的历史状态都只是人类社会由低级到高级的无穷发展中的暂时阶段"。以历史是否完美作为历史合理性的尺度，容易导致历史虚无主义。因为"完美的社会是只有在幻想中才能存在的东西"，这也就意味着过去的历史都是不合理的。

历史合理性也拒绝对社会历史现象诉诸善良意志的审视。这不仅因为在人类社会历史进程中不存在一个适合于一切时代、个人与阶级的永恒道德标准，而且"人的贪欲和权势欲有时也会成为历史发展的杠杆"。

在马克思历史观的视野里，人类社会历史是在实践活动的基础上生成发展的，因此社会历史现象相对于其生成条件来说，都有其根据与理由。所以，评价历史合理性，其前提是认知历史现象的"现实性"（即历史逻辑），探究事件与现象背后的动因、机理和变化脉络，如同对于自然现象的研究（本章对于高等教育投入结构演进逻辑的分析，就是为了完成这一工作）。

判断社会历史现象合理与否，不是看它是符合哪一个阶级或群体的利益，而是取决于它可否推动生产力发展和人的全面发展。只要能满足这一尺度，就

第五章　转型期高等教育投入结构演进的合理性评价与历史经验

是必然而合理的。在《共产党宣言》中，马克思提出，取代资产阶级社会的"将是这样一个联合体，在那里，每个人的自由发展是一切人的自由发展的条件"。同时，生产力发展又是社会发展与人类解放"绝对必需的实际前提"。因为"个人的全面性不是想象的全面性，而是他的现实关系和观念关系的全面性……要达到这一点，必须使生产力的充分发展成为生产条件，使一定的生产条件不表现为生产力发展的界限"①。正因如此，马克思给予工业无产阶级以高度评价，不仅因为他们是受压迫阶级，更为重要的是他们在机器工业条件下代表了先进生产力的发展方向；同样，当资本主义制度取代封建制度时，尽管资本主义并没有改变阶级压迫的性质，"只是用新的阶级、新的压迫条件、新的斗争形式代替了旧的"，但这种取代推动了生产力发展，所以也是社会历史进步。

再进一步看，在人类发展的特定阶段，人类的整体能力与利益发展通常是以某些群体甚至阶级的牺牲作为代价的，这种牺牲诚然是不幸的，却具有不可避免的历史必然性与合理性。例如，奴隶制虽然残酷，但相对于当时的社会生产力来说，它是一个不可或缺的历史发展阶段，也是必然而合理的。

在以往的研究中，高等教育投入结构的合理性经常受到质疑，其理由是高等教育个人投入比例过高，不利于减轻群众负担和教育公平。这种观点虽不乏道理，但其评价维度局限于价值合理性，不利于全面认知高等教育投入结构演进的历史作用。事实上，作为一种转型期长期存在、影响深广的教育财政现象，高等教育投入结构是当代中国重要的社会历史表征，其演进路径是难以用偶然因素或个人意志来解释的。相反，它必定与转型期社会历史条件紧密关联。所以要全面评价转型期高等教育投入结构是否合理，除了价值合理性外，更需要历史合理性的审视。基于此，本章将在沿用价值合理性评价的基础上，引入历史合理性这一新的评价维度，实现单一的"合目的性"评价向"合规律性"评价与"合目的性"评价综合的飞跃，以提升评价结果的全面性、科学性和客观性。

---

① 中央编译局. 马克思恩格斯选集：第四卷. 北京：人民出版社，1995：697，216－217，237，222－225.

转型期中国高等教育投入结构演进研究

第二节 转型期中国高等教育投入结构演进的合理性评价

前文研究表明,社会历史发展是以不断提升的人类实践能力和生产力水平为基础的,生产力进步和人的全面发展才是历史合理性的核心尺度。只要某种社会历史现象能够促进生产力和人的发展,就具有历史的必然性与合理性。

按照这一评价准则,从历史合理性的角度看,转型初期(1992—2005年)高等教育投入结构的演进路径具有明显的必然性与合理性。前文研究表明,经济社会转型是高等教育投入结构演进的根本原因和逻辑起点。其主要逻辑可概括为:转型初期,高等教育大众化是经济发展、居民消费能力与高等教育需求增长的必然要求。鉴于高等教育历史欠账严重,加大高等教育投入成为历史的必然。由于公共财政体系不健全,国家财力紧张,民间又不具备相应财力和办学条件,唯有增加个人投入才能满足高等教育扩张的资金需求。所以在这一阶段,高等教育投入结构中财政投入比例和个人投入比例的此消彼长,是转型初期中国社会历史条件综合作用的结果。它是历史必然的选择,也是一个难以逾越的历史阶段。再从演进结果看,高等教育投入结构的调整为高等教育大众化筹集了资金,进而促进了生产力进步,优化了教育资源利用效率,同时也提高了劳动力素质,为21世纪中国经济的快速崛起提供了人才红利和智力资源。因此,转型初期高等教育投入结构的演进趋势合乎社会历史发展规律要求,具有显著的历史必然性与合理性。

高等教育投入结构演进的历史合理性并不等于价值合理性。转型初期,高等教育的快速扩招导致学费上涨过快,超出了低收入家庭的承受范围,一定程度上损害了弱势群体利益和教育公平,引起了群众不满和舆论批评,高等教育投入结构演进的价值合理性与历史合理性出现背离。这种价值合理性与历史合理性的矛盾就为下一阶段高等教育投入结构的回归埋下了伏笔。

2006年以后,高等教育投入结构中财政投入比例和个人投入比例的回归,其逻辑可概括为:经济社会的深入转型提出了社会和谐与科学发展的要求,同时也带动国家财政收入增长和教育发展观更新,最终国家加大高等教育投入力度,实现了投入结构的回归。由此可见,这一时期高等教育投入结构的演进同样是经济社会转型进入特定阶段后,政治、经济、财政、教育等多种社会历史条件综合作用的必然结果,具有历史的必然性与合理性。再从价值合理性看,这一演进调整了高等教育投入结构,加大了政府的教育责任,为高等教育的持续健康发展奠定了基础,同时也减轻了群众的负担,有助于保障教育公平。在某种意义上,这是对以往发展过程中教育公平缺失的一种反拨和修复,因而具有鲜明的价值合理性。因此在这一阶段,高等教育个人投入占比的历史合理性与价值合理性趋于统一。

第三节 一个关于历史合理性的补充论证:转型期中国高等教育扩张速度是否过快

最后需要补充的是,通过前文研究可以发现,高等教育投入结构演进的历史合理性以高等教育扩张的历史合理性为逻辑中介。只有高等教育扩张具有历史合理性,高等教育投入结构演进的历史合理性才能得到阐释。目前,社会各界对20世纪末中国高等教育扩张的必要性与合理性早已形成共识,但另有一种观点认为,高等教育扩张虽有必要,但扩张速度过快,导致了诸多负面问题。如果这种观点成立,高等教育投入结构演进的历史合理性也将遭受某些挑战。

对于高等教育扩招速度是否过快,目前学界缺乏共识。有的支持者认为,1999年政府制定了2010年实现高等教育大众化的规划,2002年高等教育毛入学率就达到15%[①],比预期时间提前了8年[②],1999—2006年高等教育在校生规模年增幅均超过GDP和财政支出增速(见表5-1),这本身就说明扩招太快。还有些支持者认为,高等教育扩招后出现了教育质量滑坡和就业难等问题,应归咎于扩招太快。反对者认为,高等教育本身就应具有前瞻性、收益多元性和某些消费性,扩招给中国提供了大量高素质劳动力,扩招速度是否合理

---

① 阎凤桥,毛丹. 中国高等教育规模扩张机制分析:一个制度学的解释[J]. 高等教育研究,2013,34(11):25-35.
② 1999年1月国务院批转的《面向21世纪教育振兴行动计划》指出,到2010年,高等教育规模有较大扩展,入学率接近15%。

不能只看一时。大力发展高等教育不仅符合我国社会经济发展状况，而且是满足个人家庭对教育的投资性与消费性需求、提高整体国民综合素质的客观需要，同时也是扩大社会内需的重要举措。就业困难或个人收入水平的下降，与目前就业市场不完善有关，也与人们对高等教育功能及收入预期的传统认识有关。这些都是高等教育大众化的必然结果，并不能证明扩招速度过快。还有的研究者通过国际比较发现，"在 OECD 国家，规模扩张不会导致高校毕业生失业率上升，高校毕业生的失业率低于未受过高等教育的劳动力，收入的相对优势也非常显著……种种证据显示，一些对高等教育过度扩张或毕业生资历过高的担忧缺乏确凿依据，OECD 国家有充分理由进一步扩大高等教育规模"①。

表 5-1　　　　　　　　1998—2010 年中国高等教育规模增速

年份	学校数（个）	本专科在校生（万人）	本专科在校生比上一年增加		专任教师数（万人）	校均规模（人/校）	生师比	毛入学率（%）
			绝对数（万人）	比例（%）				
1998	1022	340.87	23.43	7.38	40.7	3335	11.62	9.8
1999	1071	413.42	72.55	21.28	42.6	3815	13.37	10.5
2000	1041	556.09	142.67	34.51	46.3	5289	16.30	12.5
2001	1225	719.07	162.98	29.31	53.2	5870	18.22	13.3
2002	1396	903.36	184.29	25.63	61.8	6471	19.00	15.0
2003	1552	1108.56	205.20	22.72	72.5	7143	17.00	17.0
2004	1731	1333.50	224.94	20.29	85.5	7704	16.22	19.0
2005	1792	1561.78	228.28	17.12	96.6	7666	16.85	21.0
2006	1867	1738.84	177.07	11.34	107.6	8148	17.93	22.0
2007	1908	1884.90	146.06	8.40	116.8	8571	17.28	23.0
2008	2263	2021.00	136.10	7.22	123.7	8931	17.23	23.3
2009	2305	2144.66	123.66	6.12	129.5	9086	17.27	24.2
2010	2358	2231.79	87.13	4.06	134.3	9298	17.33	26.5

对于上述争论，很难直接得出孰对孰错的结论，但我们可以通过国际比较来加深对这一问题的理解。高等教育快速扩张是 20 世纪后发国家的普遍经验。

---

①　丁笑炳. 高等教育规模扩张带来的新挑战：OECD 国家的经验 [J]. 教育发展研究，2009，28 (11)：7-14.

1900年全球高等教育在校生人数为50万人，仅占适龄人口的1%（Banks 2001）①。然而到2007年，全球高校学生总数高达1.52亿人，其规模增长约304倍，毛入学率已增至26%（UNESCO 2009）②，这也是高等教育系统在该时期经历的最为重要的教育变革。研究者指出，20世纪高等教育规模扩张存在三大特征：高等教育规模扩张速度远高于其他变量，规模扩张在不同国家体系中发生，规模扩张集中发生在某一特定时段。高等教育规模扩张已成为第二次世界大战后的全球性事件。

面对全球高等教育的趋同性增长现象，研究者给出了各种解释。其中制度主义研究者注意到了超国家力量的存在。他们指出，不断增长的全球性民主化浪潮、人权意识的高涨、科学化和发展规划的出现更能有效解释高等教育规模的大幅扩张现象。特别是在针对1970—2000年高等教育规模快速增长现象的分析模型中，产业发展的显著影响作用已经减弱③。这意味着，20世纪60年代之后，高等教育发展的目标已从狭隘的经济增长导向模式逐步转化为兼顾个人福利和公民权利问题的重要指标，在全球层面形成的进步和公正的文化价值在很大程度上促进了全球性高等教育规模的快速扩张。

在全球性高等教育规模扩张的进程中，20世纪后期高等教育后发国家尤为令人瞩目。例如，根据联合国教科文组织统计，1980—1995年，亚洲地区高等教育人口出现飞速增长，其增幅远超过世界其他地区，其高等教育扩张进程表现出明显的压缩性特征④。表5-2显示了不同国家及地区在推进高等教育大众化，特别是毛入学率从大约10%增至27%左右所需要的时间跨度。由此可见，以美英为代表的欧美高教发达国家，毛入学率从接近10%到实现27%，分别花费了30年左右的漫长历程。相比之下，包括中国在内的东亚高等教育后发国家及地区的规模扩张则呈现出明显时间压缩性特征。其中，中国

---

① Banks, Arthur S. Cross-National Time-Series Data Archive [dataset]. Binghamton, NY: Computer Systems Unlimited. 2001.
② UNESCO. Global Education Digest 2009: Comparing Education Statistics Across the World [R]. From http://www.uis.unesco.org, 2012-02-21.
③ 李立国. 中国如何跨越后发国家高等教育发展困境 [J]. 大学教育科学, 2013 (4): 22-30.
④ 鲍威. 中国高等教育规模扩张的理论解释与扩张机制 [J]. 教育学术月刊, 2012 (8): 3-11.

和日本均是在短短 10 年之间,将高等教育毛入学率从 10% 提升至 24%①。

表 5-2　　　　　　　　各国高等教育规模的扩张进程

国家或地区	高等教育毛入学率的增长历程
美国	1890 年(3%)—1900 年(4.2%)—1920 年(8%)—1930 年(12%)—1940 年(15%)—1950 年(27%)
英国	1964 年(10%)—1970 年(15%)—1975 年(19%)—1985 年(22%)—1992 年(27%)
日本	1960 年(10%)—1965 年(17%)—1970 年(24%)
中国	1999 年(10%)—2003 年(17%)—2009 年(24%)
中国台湾	1979 年(11%)—1983 年(17%)—1993 年(26%)

资料来源:中国数据引自相关年度《中国教育统计年鉴》,英国数据部分引自 Kogan, M., Bauer, M., Bleiklie, I. and Henkel, M. (eds.). Transforming Higher Education: A Comparative Study [M]. 2nd edn, Dordrecht: Springer. 2006, 其他数据引自 UNESCO, W. B. a. Higher Education in Developing Countries: peril and promise [R]. Washington: World Bank. 2000。

针对此现象,许多学者从区域性解释框架寻找亚洲高等教育急速发展的动力机制。其中的重要理论包括三个②。

第一,后发国家的学历效应解释模型。英国著名社会学者罗纳尔德·多尔(Ronald P. Dore)在 1976 年出版了《学历病》(The Diploma Disease)一书,他在探讨第二次世界大战后获得独立,以日本为代表的亚洲后发国家的共性时指出,由于政治性变化(民主化)先行于经济性变化(工业化),这些国家在较早阶段就建立和完善了基于政治原理的教育制度。多尔强调,西方发达国家经历了一个逐步性发展进程之后,学历才得到公认并成为进入劳动力市场的前提条件。与此不同,在亚洲后发国家,学历从一开始就成为进入现代产业部门的前提条件。这种学历的特殊效应导致了大学学历文凭竞争不断加剧,最终引发高等教育大扩张(Ronald P. Dore, 1978)③。多尔的后发国家的解释框架具

---

① 鲍威. 中国高等教育规模扩张的理论解释与扩张机制 [J]. 教育学术月刊, 2012 (8): 3-11.
② 下列理论主要出自鲍威博士的期刊论文《高等教育规模扩张的理论解释与扩张机制》(参见 2012 年第 8 期《教育学术月刊》)。
③ Ronald P. Dore. The Diploma Disease: Education, Qualification, and Development [M]. Berkeley: University of California Press, 1976.

有一定的说服力，但并不能为亚洲的高等教育发展提供全面的阐释。其局限性在于他将高等教育仅仅诠释为高等教育的学历膨胀现象，只停留于高等教育发展的负面影响。

第二，东亚发展模式。要解释亚洲高等教育的发展，特别是其超常的扩大模式，需要跳出传统理论的约束，寻找新的研究方法和视角。值得注意的是，卡敏斯（Cummings，1997）在其《东亚教育的挑战》一文中提出了"东亚模式"（the Eastern Asian Approach）的新视角。他指出以日本为代表的J模式包含了四大核心要素：①政府以坚定的信念传播社会固有的传统价值，积极学习西方发达技术，整合与构建了教育与研究。②政府财政投入侧重于普及初等教育。而在高等教育阶段，政府的资源投入更倾向于理工教育。③学生、家庭以及私立高等教育机构被期待对公立教育发挥重要的补充作用。④政府不仅参与人才开发，同时也致力于人才的有效利用。政府深度介入人力资源的规划，职业配置以及对科学、工科领域的调整（Cummings，1997）。上述的四大核心元素反映了亚洲国家推动以政府为主导的人力资源开发，但由于政府的财政困境，选择对教育成本的受益者负担机制持宽容态势。其结果导致了亚洲国家中私立高等教育部门和受益者负担机制的发展。20世纪60—70年代，J模式传播至韩国和我国台湾，之后又传播至泰国、马来西亚、新加坡和印度尼西亚。

第三，儒家模式。对于东亚地区高等教育的快速发展，许多学者习惯于从儒家文化传统的影响力出发，对该地区民众教育意愿和升学热情提供理论解释。例如，针对包括中国、日本、韩国、越南、新加坡、我国港台地区在内的东亚地区高等教育及院校科研，西蒙·马杰逊（Simon Marginsion）指出，区别于欧洲与北美地区高等教育发展模式，该地区发展具有独特的儒家模式（Confucian Model）①。

儒家高等教育发展模式具有四大核心要素：其一是在高等教育系统构建、经费投入和发展重点选择中存在强大的国家取向。其二是高等教育普及化潮流及其背后的教育民间或私人投入行为。其三是一次性机会的国家考试体系。该

---

① Simon Marginson. Higher Education in East Asia and Singapore: Rise of the Confucian Model, in Sarjit Kaur & Erlenawati Sawir & Simon Marginson (eds), Higher education in the Asia - Pacific: Strategic responses to globalization. New York: Springer, 2011: 53 - 76.

体系引发了社会竞争的激烈化、高等教育系统的分层、家庭教育投入的积极性①。其四是政府公共财政在科研和建立世界一流大学中的加速投入。

西蒙·马杰逊指出,儒家模式的主要原因在于,家长愿意投入额外的费用让子女接受课外辅导及补习训练课程,这种高额的教育投入源于传统儒家思想重视教育的影响作用。与此同时,在儒家思想中,自动自发的读书学习被视为孝顺父母的行为,在学校勤奋读书可促进个体在社会向上移动,学生在校内相互竞争、考试成绩优秀等皆为儒家高等教育模式。而上述这些价值观在唐朝就已根深蒂固地根植于东亚地区民众的教育观念中。西蒙·马杰逊敏锐地观察到,随着经济发展和低税收机制的实施,儒家模式可以推动高等教育的快速发展,促进高等教育的大众化,提升高等教育与科学研究的质量。但需留意的是,儒家模式可能降低高等教育的社会公平性,导致政府干涉大学的行政管理自主权和学术自由。

从高等教育大众化水平与经济发展水平的关系看,人均GDP与高等教育大众化并无一一对应的线性关系,后发国家大多是在人均GDP较低水平上较快实现了高等教育大众化进程②。例如,美国是世界上第一个实现高等教育大众化的国家。1940年,在美国人均GDP不足2000美元的时候,其毛入学率已经达到了15%;1970年,在其人均GDP约为5000美元时,就实现了高等教育普及化,毛入学率为49.9%。许多研究者曾设想,世界各国尤其是西方工业化国家的高等教育发展会普遍按照美国模式预演。然而,欧洲高等教育发展却呈现出与美国不同的路径。第二次世界大战后,美国高等教育毛入学率达到了30%左右,欧洲却仍保持精英教育模式,只有不到5%的入学率。只是到了20世纪六七十年代,才逐步实现了大众化。其中,英国在1970年人均GDP为2223美元时,其毛入学率为14.4%;法国在1965年人均GDP为2095美元时,其毛入学率达到了14.2%;联邦德国在1970年人均GDP为3087美元时,其毛入学率为13.4%。欧洲主要国家在人均GDP超过2万美元时,才逐步实现

---

① 鲍威. 中国高等教育规模扩张的理论解释与扩张机制[J]. 教育学术月刊,2012(8):3-11.
② 2006年法国人均GDP为36642美元,毛入学率达到56.2%;英国2006年人均GDP为39227美元,毛入学率达到59.3%;德国2006年人均GDP为35166美元,毛入学率超过50%,实现了高等教育普及化。

了普及化。

相比欧洲国家的"耐心",后发国家的高等教育大众化进程要快得多,而且人均GDP水平远低于欧洲主要国家。阿根廷1970年人均GDP为1318美元,毛入学率达到了14.2%,2000年其人均GDP为7703美元,毛入学率达到了53%,到2009年毛入学率已经达到了71%,而其人均GDP仍为7665美元。智利、乌拉圭、秘鲁等国从大众化步入到普及化中期阶段(毛入学率达到60%)时,还处于中等收入陷阱。秘鲁2001年人均GDP为2056美元,其毛入学率达到了32%,其后一直缓慢发展,到2006年人均GDP为3312美元,毛入学率达到了35%。智利在1998年人均GDP为5278美元时,毛入学率为35%。埃及、约旦、突尼斯、中国、印度尼西亚、菲律宾、泰国、巴西等国高等教育毛入学率在15%—50%,印度、斯里兰卡刚从精英阶段步入到大众化阶段。巴西2008年人均GDP为3700美元,毛入学率达到16%,2005年人均GDP为4723美元,毛入学率为25.5%;印度2005年人均GDP为1028美元,毛入学率首次达到15%,步入大众化阶段;印度尼西亚2000年人均GDP为773美元,毛入学率达到了15%,到2009年人均GDP为2273美元,毛入学率达到了22%①。

综上所述,世界各国高等教育毛入学率与人均GDP之间并不存在线性关系,欧洲主要国家是在人均GDP超过2000美元和处于2000—3000美元时,分别步入了大众化和普及化发展阶段;美国则是在人均GDP为2000美元和人均GDP为5000美元的情形下,分别步入了大众化和普及化阶段;日本和韩国同是在人均GDP不足2000美元的时候步入了大众化发展阶段。广大发展中国家普遍是在人均GDP为1000—1500美元时,就步入了大众化阶段,部分国家在人均GDP为5000—10000美元时,步入了普及化阶段②。

与许多发展中国家一样,中国也是在人均GDP较低水平基础上实现扩招的。1998年人均GDP是821美元。2002年毛入学率达到15%时,人均GDP仅为1135美元。2006年强调降低扩招速度时,人均GDP是2070美元。2010

---

① 上述关于高等教育毛入学率与经济发展水平的国际案例数据,大多引自李立国博士的期刊论文《中国如何跨越后发国家高等教育发展困境》(2013年第4期《大学教育科学》)。
② 李立国. 中国如何跨越后发国家高等教育发展困境[J]. 大学教育科学, 2013(4): 22-30.

年全国普通高校在校生规模为 2385 万人，高等教育在学人数是 3105 万人，高等教育毛入学率达到 26.5%，人均 GDP 是 4394 美元①。对于中国高等教育的快速扩张，国内学者也提出了多种理论解释：一些功能主义的研究文献认为，高等教育规模扩大是知识经济发展对于培养高素质人才的需要；也有人认为，中国高等教育规模扩张是入学需求作用的结果，随着生活水平的提高，人们对高等教育的需求更加迫切；还有学者从多元主体的行为逻辑出发，对高校规模发展的短期动力机制作出分析②。总体来看，学界尚未达成共识，相关讨论还有待深入进行。

上述研究表明，中国高等教育快速扩张的经验不是绝无仅有的。相反，它在高等教育后发国家，尤其是在经济、社会和文化因素相似的东亚国家具有相当的普遍性，即使经济水平落后的国家也是如此。虽然这种普遍性的成因还未得到完美解释，但至少可以给我们提供一个启示：我国高等教育的快速扩张不是偶然因素决定的，相反它服从某种共同规律。这就从一个侧面表明，我国高等教育的快速扩张具有某种历史必然性与合理性。相应地，我国高等教育投入结构演进的历史合理性也将不言而喻。

第四节 转型期高等教育投入结构演进的历史经验

上文研究表明，20 世纪 90 年代以来，我国高等教育投入结构的嬗变是在高校扩招的背景下展开的。期间高等教育毛入学率从 1992 年的 3% 增至 2002 年的 15%，再到 2018 年的 48%，再加上 2019 年高职扩招 100 万人，毛入学率将超过 50%③，实现了高等教育由精英化向普及化的跨越。上述成就的取得，离不开高等教育投入结构的演进。而且这段历程也为普及化阶段高等教育投入结构的优化提供了历史起点与经验教训。基于此，下文将从高等教育扩张与发展的视角，对转型期高等教育投入结构演进的历史作用与经验进行再

---

① 李立国. 中国高等教育大众化发展模式的转变 [J]. 清华大学教育研究, 2014, 35 (1): 17-27.
② 阎凤桥, 毛丹. 中国高等教育规模扩张机制分析: 一个制度学的解释 [J]. 高等教育研究, 2013, 34 (11): 25-35.
③ 推动职业教育高质量发展 [N]. 经济日报, 2019-04-27 (7).

考察。

观察图5-1可发现,从静态角度看,20世纪90年代以来高等教育投入结构基本呈现二元格局。国家财政和受教育者负担了绝大部分高等教育成本,社会分担比例很少,并未真正发挥投入主体功能,明显与社会资本的能力和受益状况不符,这也是我国高等教育投入结构的薄弱环节。

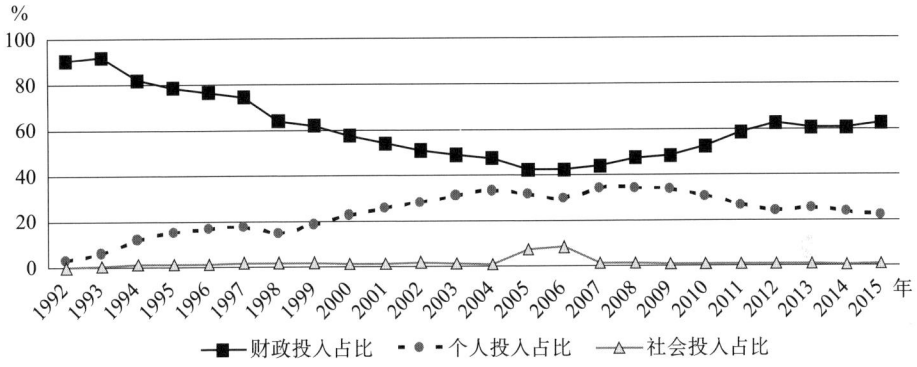

图5-1　1992—2015年高等教育投入结构演进

资料来源:《中国教育经费统计资料》(1992—1994年),《中国教育经费统计年鉴》(1995—2015年)。

在财政和个人二者中,财政投入比例又始终高于个人投入比例,且占高等教育总投入的半数以上。我国是发展中国家,高等教育个人受益率一直高于社会收益率,按照受益原则,个人投入比例本应高于财政投入比例,然而事实却相反。这表明,我国高等教育成本分担采用了能力结构为主,受益结构为辅的总体原则,由统筹能力更强的国家财政主导高等教育投资,以保证个人分担标准能够为公众所接受,这也是保障高等教育公平与规模增长的必然要求。

从动态角度看,财政投入比例和个人投入比例始终在嬗变之中。其演进趋势为:以2005年为界,财政投入比例呈U型波动,个人投入比例呈倒U型波动。这种演进趋势可用高等教育成本分担的动态理论进行解释。

图5-1显示,由于计划体制的惯性,1992年财政投入占高等教育经费的九成以上,而个人投入比例仅为3%,显然偏离了当时受教育者的普遍支付能力和显著收益,也不利于筹集高等教育经费。因此1992年启动市场经济改革后,学费开始持续上涨。可见,在精英化阶段与大众化前期,高等教育投入结构的演进类型系个人投入比例低于均衡水平所引致的"Ⅰ型演进",其目的在

于促进高等教育多元化筹资。由于学费上涨远快于居民收入增长,在演进过程中又产生了个人投入比例纠偏过度的问题,进而诱发了新的非均衡,导致因贫失学现象增多,引起了社会异议。这就为其后的高等教育投入结构演进提供了动力。

2005年开始,高等教育个人投入比例趋于下降,而财政投入比例回升。究其原因,除了个人分担标准过高外,还受到受益状况变化的影响。大众化进入中期以后,毕业生人数剧增,高等教育个人收益率开始呈下降态势[①],导致"读书无用论"抬头。此时唯有降低个人分担标准,才能与新的受益状况相契合,拉动高等教育需求。基于此,2007年教育部规定,五年内学杂费不得上涨。到2013年,普通高校学费占农村家庭收入比重降至15%—17%[②],回归农村居民承受能力范围内;个人投入比例降至25%,回归政策红线范围内,财政投入比例也同步增至60%(见表3-1)。此后,高等教育投入结构趋于均衡,基本稳定在2000年扩招初期水平上,因贫失学现象减少,高等教育规模得以继续增长。可见,在大众化后期,高等教育投入结构演进受到个人投入比例高于均衡水平和受益结构变化的双重驱动,其演进类型系兼有Ⅰ型和Ⅱ型属性的复合演进,目的在于降低群众负担,拉动高等教育需求。

综上所述,20世纪90年代以来,高等教育投入结构不断嬗变,先后起到了促进高等教育筹资和拉动高等教育需求的作用,进而在国家财力总体紧张的状况下促成了高等教育由精英化向普及化迈进的"惊险一跃"。纵观演进全过程,有经验也有教训,概括起来有以下几点。

第一,坚持能力结构为主的成本分担原则,以公平促扩张。我国长期处于

---

① 大众化进入中期以后,高等教育个人收益率的下降已被多项研究证实。例如,彭树宏利用五轮CHIP调查数据发现,1988—2007年大学教育的工资收入溢价呈上升趋势,2007—2013年则进入了下降通道。"这既是多年扩招大学毕业生供给的累积效应,也是产业升级和劳动力市场改革放缓的信号显示"。(参见《南方经济》杂志2017年第11期论文《中国大学教育溢价的倒U型演化特征:基于CHIP 1988—2013的证据》);何亦名对1991—2006年CHNS数据进行明瑟收益率测算后发现,在1993—1997年、1997—2000年、2000—2004年、2004—2006年四个时间段,中国高等教育收益率年均增长0.67、0.3、0.09和-0.5个百分点,"高等教育扩张对其收益率具有抑制作用"(参见《中国人口科学》杂志2009年第2期论文《教育扩张下教育收益率变化的实证分析》)。

② 李文君.调整有程序,资助已先行:教育部财务司负责人就学校收费调整答记者问[J].教育与职业,2014(28):44-46.

社会主义初级阶段,人均收入不高,又面临高等教育扩张的历史性任务,所以在个人收益率高于社会收益率的情况下,我国总体上采用了能力结构为主的成本分担原则,由国家财政主导高等教育投资,以保障高等教育公平和需求扩张。尽管该原则一度被弱化,但很快政府加大了投入,最终使我国高等教育走上了以公平促增长的道路,这也是我国实现高等教育扩张的一条基本经验,今后应继续贯彻。

第二,适度的个人投入比例是决定高等教育投入结构合理性的关键。个人投入比例是调节高等教育投资与办学规模的杠杆,具有筹集资金和拉动需求的作用。它既不可过高,否则不利于高等教育扩张,又不宜过低,否则不利于多元化筹资。从探索历程看,我国高等教育个人投入比例经历了一条由"过低"走向"过高"再趋于"均衡"的倒U型曲折路径,一直是决定我国高等教育投入结构合理性,牵引其演进方向的关键因素和主动力。因此,今后应努力提升个人投入比例的科学性和合理性,以此为抓手,实现高等教育投入结构的整体优化。

第三,高等教育投入结构应与经济社会发展同步联动。高等教育投入结构是经济社会发展的产物,具有运动性和与时俱进的内在要求。尤其是我国正值转型期,经济社会体制与高等教育受益和能力状况变动频繁,这就决定了高等教育投入结构必须不断调适优化,才能适应新形势的要求,更合理地汲取高等教育发展资源。20世纪90年代以来,高等教育投入结构在历经"Ⅰ型演进"与"复合演进"后,最终趋于均衡,但其调整略显滞后,一度影响了高等教育发展。因此在普及化时代来临之际,应及早做好高等教育投入结构优化方向的预判和筹备工作,为新时期高等教育发展奠定物质基础。

第五节 小结

以往的研究者因为个人投入比例高而否认转型期高等教育投入结构的合理性,不利于全面认识高等教育投入结构演进的历史作用。本章的研究表明,转型期高等教育投入结构演进的合理性既不是单向的,也不是静态不变的,它会随着价值合理性与历史合理性的矛盾运动而变化。

从合理性评价的角度看,研究表明,高等教育投入结构演进具有历史合理性和价值合理性两重属性:首先从历史合理性看,高等教育大众化是市场经济转型的必然要求,也是后发国家高等教育发展的普遍经验。然而当时我国财力相对薄弱,公共财政体制不健全,教育事业历史欠账严重,民间又不具备大规模投入高等教育的现实条件,加大个人投入成为历史的必然选择,这就进一步引起了高等教育投入结构的演进。因此,1992—2005年高等教育投入结构中财政投入比例和个人投入比例的此消彼长是转型期经济、政治、文化和教育等社会历史条件综合作用的结果,也是高等教育发展过程中一个不可逾越的历史阶段,具有历史的必然性与合理性。再从价值合理性看,转型初期学费涨幅过大,加重了低收入阶层的负担,再加上资助体系不完备,一定程度上影响了高等教育公平和高等教育投入结构的价值合理性,导致其历史合理性与价值合理性发生背离。历史合理性与价值合理性的矛盾运动构成了高等教育投入结构演进的历史动力。2005年以后,随着和谐社会理念的提出和国家财力的加强,高等教育投入结构又逐渐回归到21世纪初期,高等教育的历史合理性与价值合理性也趋向统一。再从国际经验看,20世纪高等教育的快速扩张在高等教育后发国家,尤其是在经济、社会和文化因素相似的东亚国家具有相当的普遍性。这就从一个侧面表明,我国高等教育的快速扩张及其投入结构演进具有某种历史必然性与合理性。

从转型期高等教育投入结构演进的历史经验看,20世纪90年代以来,高等教育投入结构不断嬗变,先后起到了促进高等教育筹资和拉动高等教育需求的作用,进而在国家财力总体紧张的状况下促成了高等教育由精英化向普及化迈进的"惊险一跃",并形成了坚持能力结构为主的成本分担原则、制定适度的个人投入比例和高等教育投入结构应与经济社会发展同步联动等历史经验。因此在高等教育普及化时代来临之际,应及早做好高等教育投入结构优化方向的预判和筹备工作,为新时期高等教育发展奠定物质基础。

第六章

转型期高等教育投入结构的优化方向与对策

上文研究表明，高等教育投入结构是协调高等教育发展的利益关系、筹集高等教育发展资金的关键。20世纪90年代以来，随着高等教育的大众化，我国高等教育投入结构不断嬗变，其合理性水平（尤其是财政投入与个人投入比例）更引发了持久的争论，一度给高等教育大众化的筹资工作造成被动局面。如今，我国经济社会转型仍在不断深入，高等教育又将迈入普及化阶段。在新的历史节点上，有必要主动出击，未雨绸缪，及早明确普及化阶段高等教育投入结构的优化方向与对策，以做好高等教育财政收支的长期布局，保障高等教育普及化的财政供给与社会动员，这也是当前高等教育财政研究的重要课题。

从研究现状看，普及化阶段高等教育投入结构应如何调整，国内学界对此探讨很少，更未形成共识；再进一步看，目前世界上有60多个国家进入了高等教育普及化阶段，借鉴其经验似乎是一条可行的思路。然而现有研究表明，这些国家的投入结构取决于具体国情和教情，并无放之四海而皆准的统一标准[1]；而且，我国高等教育普及化进程是在社会主义制度框架内和经济社会深

---

[1] 例如，同为实现了高等教育普及化的国家，美国私立高校发达，公共投入占高等教育总经费不足四成，法国实行高等教育集权制，1998—2008年公共投入占高等教育经费八成以上；而东亚的日本、韩国，私立大学学生占据了70%—80%的比例，同时国立大学也需要缴纳较高的学费，所以个人负担比例处于较高水平（参见王蓉教授发表于2008年第4期《教育发展研究》的论文《我国高等教育的投入模式与改革》和刘红宇等发表于2012年第5期《高等教育研究》的论文《OECD国家高等教育投入的典型模式》）。

入转型期展开的,这一独特背景决定了我国高等教育投入结构必须与国情和经济社会条件相适应,不可直接照搬他国经验。

基于此,本章将结合以往高等教育大众化阶段的经费筹资经验,以及今后高等教育发展的现实条件与任务,确定普及化阶段高等教育投入结构的优化方向与对策,力求实现新时期高等教育投入结构在逻辑、历史与现实上的统一。本章共分三节:第一节,研判优化方向;第二节,提出优化对策;第三节,小结。

第一节 普及化阶段高等教育投入结构的优化方向

当前,我国已进入高等教育普及化阶段,而且确立了2035年实现教育现代化、21世纪中叶基本建成高等教育强国的宏伟目标。美国1975年就率先进入高等教育普及化阶段。截至2014年,世界上进入高等教育普及化的国家达64个,发达国家总体毛入学率已达75%,进入了深度普及化阶段[①]。对标发达国家,我国要建成高等教育强国,在规模增长和质量提升方面依然任重道远,急需按照高等教育成本分担理论的要求,在保持高等教育投入绝对规模增长的同时,不断优化内部的比例结构。

从总体原则看,鉴于我国处于社会主义初期阶段,以及高等教育进一步扩张的基本面未变,借鉴以往的历史经验,今后我国高等教育成本分担仍应坚持能力结构为主、受益结构为辅的总体原则,以保障高等教育公平和规模发展。在分担结构的优化要求上,应实现高等教育投入结构的"复合演进",既要化解社会投入比例低于均衡水平的历史痼疾(实现"Ⅰ型演进"),又要根据新的能力结构与受益结构调整财政和个人投入比例(实现"Ⅱ型演进")。结合我国当前高等教育发展需求,今后高等教育投入结构优化的具体方向可概括为:稳步提升财政投入比例,大幅增加社会投入比例,降低个人投入比例。

第一,稳步提升财政投入比例。高等教育成本分担原则认为,从高等教

---

① 别敦荣,易梦春. 普及化趋势与世界高等教育发展格局:基于联合国教科文组织统计研究所相关数据的分析[J]. 教育研究,2018,39(4):135-143,149.

第六章 转型期高等教育投入结构的优化方向与对策

发展中受益越多、支付能力越强的主体，成本分担比例就越大。分税制改革以来，我国财政收入增速高于GDP和居民收入增速已成为常态。1996—2016年，财政收入增长约20倍，名义GDP和居民可支配收入只增长9倍和8倍左右①。尤其是近10年来，在国内税制结构和经济结构因素的作用下，财政收入增速和居民收入增速之差持续扩大。这表明，在国民收入分配中政府占据了更多的比例，也享受了更多的高等教育发展红利，其成本分担能力更强。而且从长远看，我国今后步入中等发达国家行列，财政收入占GDP的比重还有进一步提升的空间②。因此在高等教育普及化阶段，加大财政投入比例更加合乎成本分担原则。

从财政支出的一般增长规律看，按照马斯格雷夫"财政支出阶段论"观点，当一国经济发展进入成熟阶段后，教育、保健、社会福利等公共支出将不断增长，并快于GDP和其他项目支出增长。同样，在高等教育普及化阶段，我国市场经济发展更趋成熟，高等教育财政投入比例逐步提升，更加合乎财政支出增长的一般规律和要求。从实践看，我国正开展以"双一流"建设为核心的新一轮高等教育建设。从目前建设经费来源看，主要来自财政资金，而且这种局面相当一段时期内还将延续，而这必然会强化高等教育财政投入占比的上升势头。从国际比较角度看，2010年以来我国高等教育财政投入占GDP的比例平均为0.81%，占高等教育总投入的比重为60%左右，而同期OECD国家和欧盟22国的高等教育财政投入占GDP的比例均为1.1%，占高等教育投入的比重基本稳定在70%和80%左右③。相比之下，我国政府对高等教育投入

---

① 以上数据根据相关年份《中国经济统计年鉴》整理。
② 我国财政收入占GDP比重是否过高一度存在争议，但近年来诸多研究显示，按照小口径（一般公共预算收入）和中口径（IMF口径，包括一般公共预算收入、政府性基金预算收入、国有资本经营预算收入）计算，2012—2016年我国财政收入占GDP比重分别为18.3%和%28.8%，明显低于同口径20.4%和33.4%的世界平均水平；即使按全口径（即IMF口径加社会保险基金预算收入之和扣减重复计算部分）计算，2012—2016年中国财政收入占GDP比重约34.2%，大致相当于发展中国家平均水平，仍低于欧盟28国和39个发达经济体约40%和37%的平均水平（国内数据参见陈彦斌发表于《财经问题研究》杂志2017年第9期的论文《中国宏观税负的测算及启示》、武彦民和温立洲发表于《税务研究》2018年第3期的论文《对我国当前宏观税负水平的经济学分析》，国外数据源自国际货币基金组织数据库）。再考虑到最迟在21世纪中叶我国位列中等发达国家的战略目标，我国财政收入占GDP比重短期内虽面临减费降税的下调压力，但长期看仍有提升空间。
③ 方芳，刘泽云. 2005—2015年我国高等教育经费投入的变化与启示［J］. 中国高教研究，2018，296（4）：82–89.

的主导作用还不够明显。再考虑到发达国家的高等教育普及化程度大多高于我国,要追赶国际先进水平,我国高等教育财政保障力度必须加强。

第二,大幅增加社会投入比例。社会投入比例过低是我国以往高等教育投入结构的一大痼疾。高等教育社会投入的主体是以民营经济为基础的社会资本。从能力原则看,如果说以往高等教育社会投入比例偏低很大程度上源于民营经济的薄弱,那么当前民营经济已日益壮大,其重要性曾被习近平总书记形象地概括为"56789",即"为我国贡献了50%以上的税收,60%以上的GDP,70%以上的技术创新,80%以上的城镇劳动就业,90%以上的新增就业"①。在这一背景下,平均每年不足2%的社会投入比例显然是与其经济实力极不相称的。从受益原则看,国内外研究均表明,企业员工的受教育程度与其劳动生产率具有显著的正相关性。尤其是诸多知识密集型企业,更是高等教育事业的直接受益者,理应积极参与成本分担。因此从成本分担原则出发,社会资本应该加大高等教育投入比例。从公共管理角度看,自20世纪80年代至今,社会资本进入高等教育领域已有近40年历史。无论是国家,还是民间办学和捐赠者,对高等教育社会资本的规范运行都已积累了诸多经验,完全有条件加大社会资本的投入力度,使其真正发挥高等教育投入主体功能,以减轻财政和个人投入压力。

第三,降低个人投入比例。随着高等教育财政投入比例和社会投入比例的提升,个人投入比例必将出现下降。这不但有利于减轻居民负担,也是高等教育成本分担理论和高等教育普及化进程的共同要求。

从受益原则看,我国高等教育的个人边际收益近年来已经出现下降态势。进入普及化阶段以后,随着经济发展水平的提升和高等教育规模的进一步增

---

① 马建堂. 以思想再解放激发民营经济发展活力 [N]. 经济日报,2019-01-10 (12).

长,高等教育个人受益率很可能继续下降①。从能力原则看,我国居民收入虽然在不断增长,但其收入增速长期低于财政收入和企业盈利增长,居民可支配收入占国民收入比重呈下滑趋势。倘若不控制个人投入比例,高等教育的入学意愿可能面临萎缩;更重要的是,从国内外高等教育大众化的普遍经验看,优质的教育资源更倾向于少数高收入群体,同时研究型大学也更倾向于维持精英教育的规模,扩招的主力往往是地方普通高校。因此在我国高等教育普及化进程中,高校扩招的重心必将进一步下沉至应用型职业院校和民办院校(2019年高职扩张100万人就是一个例证)。根据以往研究,这类学校的学生大多来自中低收入家庭,其就业收入也偏低,所以学费标准不宜过高,否则将影响招生规模。因此,在我国高等教育扩张进入"下半场",在吸纳和惠及更多经济能力较低的弱势边缘群体之际,适当降低个人投入比例是大势所趋。从国际比较角度看,2012年以后我国高等教育个人投入比例维持在1/4左右,而公立化程度与我国更为接近的欧盟22国为15%②。这表明,相比高等教育发达国家,我国高校更加依赖个人投入,其投入比例存在下调空间。

第二节 普及化阶段高等教育投入结构的优化对策

高等教育投入结构的优化并非仅仅取决于政治决策,同时还需要诸项经济

---

① 经济增长、高等教育扩张与高等教育个人回报率的关系,逻辑上虽有多种可能,但国内外一系列经验研究都表明,经济增长和高校扩招通常会降低高等教育回报率。例如,萨卡罗普洛斯在1973年和2002年两次对53个国家进行研究后,得出了高等教育个人收益率随着经济发展水平的提升而递减的一般性结论,被学界广泛认可;美国学者C.约翰森测算明瑟收益率后发现,发展中国家的高等教育收益率明显高于发达国家;国内学者马杨、张玉璐的国际教育比较研究也得出了类似结论(参见《比较教育研究》杂志2001年第9期论文《高等教育收益率研究》);沈健利用CGCC2006数据比较研究了20世纪八九十年代、21世纪三个时期的大学毕业生回报率后发现,以往研究忽略了毕业生失业因素,因而高估了个人回报率,在加入失业毕业生样本后,21世纪大学毕业生回报率大幅下降(参见《教育科学》杂志2012年第3期论文《我国不同时期个人高等教育经历与收入关系的比较研究》);吴要武、赵泉基利用2000年和2005年人口调查数据,开展双差分模型研究后发现,高校扩招导致毕业生劳动参与率下降、失业率上升、小时工资下降(参见《经济研究》杂志2010年第9期论文《高校扩招与大学毕业生就业》)。此外,彭树宏、何亦名等学者的研究也不同程度证实了这一点,再考虑到近年来频繁出现的"史上最难就业季"、毕业生起薪低等问题,我们有理由推断,若非产业升级、劳动力市场运行与高等教育办学取得突破性进展,普及化时代高等教育个人收益率很可能进一步递减。

② 方芳,刘泽云.2005—2015年我国高等教育经费投入的变化与启示[J].中国高教研究,2018,296(4):82-89.

社会条件的配合。所以在现阶段,更应发挥主观能动性,积累和创造相关社会资源,为实现高等教育投入结构历史合理性与价值合理性的耦合创造条件。关于这一点,今后可从加强高等教育国家财政能力建设、开辟公共教育经费筹资渠道、强化社会投入和对高校学费制度进行结构化改革四方面着手。

一、加强高等教育国家财政能力建设

加大高等教育财政投入比例是实现高等教育投入结构优化的关键。而未来高等教育财政的投入力度,既有赖于国家财政的总体状况,又与高等教育财政投入机制密切相关。因此,今后可考虑做好以下几项工作。

第一,保障国民经济发展,稳定财政收入来源。经济健康发展是国家财力增长的根基。今后应进一步保障宏观经济的平稳发展,从根本上保障高等教育财政投入资金的来源。

第二,以现代财政制度建设为抓手,完善公共财政体系。前文研究表明,高等教育政府筹资水平与公共财政转型进程息息相关。所以在高等教育普及化进程中,唯有不断改革与发展,完善公共财政制度,才能从根本上保障高等教育政府筹资能力。同时,按照国家要求,2020年我国要基本建立现代财政制度。而社科院副院长高培勇教授认为,"公共财政体制与现代财政制度并不矛盾,而是一脉相承的统一体。前者对应社会主义市场经济体制,以属性特征标识财税体制改革目标,表述为公共财政制度;后者对应国家治理现代化,以时代特征标识财税体制改革目标,表述为现代财政制度"①。所以在某种意义上,现代财政制度的提出标志着公共财政建设目标的升级。今后应以现代财政制度建设为抓手,"三路并进",建立全面规范、公开透明的预算制度,公平统一、调节有力的税收制度,以及事权与支出责任相适应的权责制度,以此完善公共服务导向的公共财政体系,为提高国家治理水平和高等教育政府筹资成效奠定制度基础。

第三,严格控制行政管理开支。优化财政支出结构是保障高等教育财政投入的关键。根据瓦格纳法则,随着市场经济发展,用于解决日益复杂的市场契

---

① 高培勇. 现代财政与公共财政并不矛盾[N]. 人民日报, 2015-04-01 (9).

约关系和外部性治理等的行政管理开支出现适度增长是无可厚非的，但问题在于，我国相当一部分行政管理支出源于机构臃肿、支出不透明乃至腐败行为。据统计，行政管理费用占财政支出比重到2005年上升至19.1%，远高于同期日本2.4%、英国4.2%、韩国5.1%、美国9.9%的水平。所幸的是，随着公共财政体制的完善和反腐力度加大，行政管理开支2013年已降至9.84%①。今后应进一步推进精简机构、行政管理支出预决算公开、行政成本纳入政绩考核等诸项改革，继续坚持反腐高压，为包括高等教育在内的公共事业节约资金。

第四，控制高等教育规模增速，减轻财政投入压力。1999年启动的高校扩招虽有其合理性，但在外部因素作用下，扩招速度超出了国家财政能力，一度影响了高等教育公平和质量。因此在高等教育普及化过程中，应汲取教训，控制高等教育规模增长速度，将财政支出重点由规模扩张转向质量提升，促进内涵式发展，同时也减轻公共财政的筹资压力。

第五，以"定标准、定责任、入预算"为核心，建立保障财政投入稳定增长的长效机制，确保实现"三个增长"，以提升高等教育财政投入在财政支出中的比重。按2016年高等教育财政投入占比为62%估算，如果平均每年投入比例增加1个百分点，在10年内和20年内可分别赶超OECD国家与欧盟国家目前70%和80%的平均水平②，为2035年实现教育现代化和21世纪中叶基本建成高等教育强国提供坚实的财政保障。

二、探索公共教育经费来源渠道

如果说加强国家财政能力建设是保障高等教育财政投入的一般性措施，那么拓宽公共教育经费来源则是保障高等教育财政投入的专项措施。高等教育财政经费是公共教育经费的重要组成部分。"大河有水小河满，大河无水小河干"，只有拓宽公共教育经费来源，保障公共教育总经费的充裕，高等教育财政经费才有更多的拨付基数和统筹空间。基于此，下文将对教育财政经费新来

---

① 董再平. 我国行政管理费的现状及其控制［J］. 行政论坛，2008（1）：32－34.
② 方芳，刘泽云. 2005—2015年我国高等教育经费投入的变化与启示［J］. 中国高教研究，2018，296（4）：82－89.

源渠道建设进行一些探索性分析。

(一) 教育财政新筹资渠道的选择条件

从公共教育经费来源看,它主要包括四项:预算内教育经费,教育税费,企业办学经费,学校创收收入。在这四种经费来源中,预算内教育经费来源于政府拨款,一直是公共教育经费的绝对主体。而其他三渠道在现实环境下增长空间很小:一是教育费征收困难。二是国有企业公益职能的陆续剥离,导致企业办学投入急剧萎缩。2000年企业投入占教育财政经费的比重尚有3.53%,2012—2015年则由0.21%降至0.13%。2018年国企开办的普通学校全部移交地方,企业投入必将进一步减少。三是学校创收路子不宽,即使是少数有创收能力的学校在激烈的市场竞争和回归育人本位的争议中也面临巨大挑战,收入逐渐减少。2000年学校创收占教育财政经费的1.48%,2012—2015年则由0.14%降至0.11%,收入几乎可以忽略不计①。因此,在今后的高等教育财政经费来源中,增加的公共教育经费将主要来自预算内教育经费增长。

对于高等教育预算内经费的新来源,社会各界人士曾提出了形形色色的方案。总的来看可以概括为两条途径:第一条途径可称为"财政分配结构调整"计划,即在现有财政收入项目不变的前提下,将某些政府收入项目资金按特定比例定向拨付给教育事业。其具体收入项目包括国有土地出让金、资源税、社保基金、央企利润上缴计提、国有股转让收入等。第二条途径可称为"财政增收"计划,即通过增加教育专项筹资项目的方式,将社会资金转化为财政收入,然后通过基金化管理,专款专用,增加公共教育经费。其具体方式有增设教育税、毕业生税、人才使用税、发行教育公债和教育彩票等。

如此多的筹资建议,到底哪些可行?进一步看,一个现实可行的公共教育筹资渠道究竟需要满足哪些条件?表面上看,所有由财政统筹使用的政府收入项目,都可纳入公共教育经费的来源范围。但实际上,为了保障公共教育经费来源的合理性与可持续性,提高财政分配质量,凡纳入公共教育经费来源范围的政府收入项目必须经过严格筛选。考虑到我国国情,它们应合乎以下几个条件。

---

① 历年《中国教育经费统计年鉴》。

第一,"成本分担与受益一致"。这一条件是为了保障公共教育经费来源的合理性。"成本分担与受益一致"是成本补偿的普遍原则,也是确定教育新筹资渠道的主要理论依据和方法。在本书中,它具体包括两层含义:一是只有受益于教育的政府收入项目,才可作为新筹资渠道,即"谁受益谁分担"。这就为确定公共教育经费的来源渠道奠定了理论依据,避免了财政分配的随意性,有利于理顺收入分配关系。二是指政府收入项目受益于教育越多,从其收入资金中所拨付给教育的比例也应越高,即"多受益多分担"。这就为明确政府收入资金的拨付比例奠定了方法基础。尤其是对教育而言,由于它具有广泛的正外部性,因而多数政府收入来源都不同程度地受益于教育。在这一条件下,"多受益多负担"原则具有现实意义和可操作性。

第二,经费充裕且可统筹使用。这一条件是为了保障公共教育经费的充足性。在本书中,"经费充裕且可统筹使用"包括两层含义:一是指作为公共教育经费来源的财政收入基数足够大。倘若收入基数过少,即便全额拨付给教育事业也是杯水车薪。二是指在项目收入基数中,可由财政统筹使用的资金较多。依此条件来判断,社保基金和资源税并非教育新筹资渠道的首选:前者虽然资金规模较大,但其"空账运行"的资金缺口大,更无法实现资金保值和增值;后者主要用于保护矿区生态环境,难以统筹使用。因此,收入基数和财政可统筹比例也是确定教育筹资渠道时必须考虑的因素。

第三,收入来源保持稳定。这一条件是为了保障公共教育经费来源的可持续性。政府筹资渠道的稳定,是公共教育经费稳定的前提。而在当前政府诸多收入项目中,有些收入本身就属于"夕阳收入",如罚没收入属于惩戒性收入,其设立初衷是为了减少相关行为。所以在一个良性发展的社会中,罚没收入只会逐步萎缩。此外,行政性收费正在规范和逐步取缔中。因此这类收入不宜作为公共教育经费的稳定来源。

第四,突出中央财政和省级财政的统筹作用。教育财权与事权不对称是我国公共教育经费投入不足的重要原因。1994年分税制改革之后,多数财政资金集中于中央,地方财政收入比重不断下降,其支出任务却越来越重,即财权上移和事权下移。而在地方财政中,由于我国义务教育实行"分级办学,以县为主"的管理模式,进一步形成了省财政管"小头"——高等教育,财力薄弱的县财政管"大头"——基础教育的教育投入结构,教育财权和事权明显倒挂。因此在选择教育筹资渠道时,必须突出中央和省级财政收入的统筹作用,尽量减轻基层财政的负担。

基于上述四项条件,对我国学界提出的新公共教育财源进行考察后发现,中央国有企业利润(属于财政分配结构调整计划,以下简称央企利润)和教育税(属于财政增收计划)两项收入比较可行。

(二)央企利润按比例计提

在财政分配结构调整计划中,央企利润计提是学界关注较多,也比较可行的一个新筹资渠道。其主要思路是将央企上缴利润按特定比例计提为公共教育经费。央企利润是国资委监督管理的国有企业的经营收益,它属于国有资本经营收入,其部分利润递解中央财政。选择其作为公共教育经费来源渠道,是因其具有如下优势。

第一,利润计提教育经费合理合法。首先,央企具有全民所有性质,其上缴的红利由国家统筹规划,成为充实社保基金、完善公共设施、促进教育发展等各种社会服务性支出的来源,具有合法性。其次,央企的发展还明显受益于教育行业。一方面,教育直接推动了经济与社会发展,为央企发展奠定了良好的外部环境;另一方面,央企历来是高学历人群热衷和聚集之处,这些人才的涌入对企业经营和发展起到了重要的作用。按照受益与成本分担一致的原则,理应将部分央企利润用于弥补教育成本。

第二,收入充足且基本稳定。央企是我国国有企业的主体,掌握国民经济命脉[1]。从现实情况看,央企作为国民经济支柱的格局将长期延续。相应地,该收入也将保持基本稳定。这也合乎"增加国有资本经营收益、国有资产(资源)使用收入在政府收入中的比重"的财政改革方向。

第三,存在财政统筹空间。首先在央企利润中,可由财政统筹的空间很大。1994年分税制改革以后,国企税利分流全面推行,国企税后利润全部留给企业。2007年财政部和国资委要求资源垄断型企业上缴红利的10%,一般竞争性企业上缴比例为5%。2007—2009年央企利润达24772.6亿元,累计上

---

[1] 魏珍妮. 土地财政吃紧地方债务警报响起[N]. 中国产经新闻报,2010 - 05 - 19.

缴利润1572.2亿元，仅占利润总额的5.5%①，社会各界强烈呼吁提高央企红利上缴比例。央企是全民所有制企业，若政府要求央企提高利润上缴比例，再由中央财政统筹使用，于理于法都是成立的。2013年十八届三中全会通过的《中共中央关于全面深化改革若干重大问题的决定》，对国有资本利润上缴比例作了更进一步的规划。《决定》要求，提高国有资本收益上缴公共财政比例，2020年提到30%，更多用于保障和改善民生。因此在央企利润中，可由中央财政统筹使用的空间相当大。

第四，财政责任分担合理。目前在各级公共教育投入主体中，财力统筹能力最强的，首推中央财政，其次是省级财政，而县级财政最为薄弱。据统计，全国县级教育支出占其财政支出的平均比例约为30%，是最大的一项②。因此加大公共教育投入应以中央财政为主，省级财政为辅。而按照目前的规定，央企利润纳入中央财政预算。因此，若将央企利润作为公共教育经费来源，有助于发挥中央统筹功能，促进教育事权与财权的统一。因此，央企利润在理论上具备充当教育新筹资渠道的各项条件。

再进一步看，建立以央企利润为基础的教育经费计提机制，在相关舆论与政策环境方面已基本成熟，具有较强的可行性。目前，央企利润使用欠妥已是社会共识。社会质疑主要集中在两个方面：一是央企利润上缴比例过低，绝大多数央企红利沉淀在央企内部，一方面造成公共经费短缺，另一面则是央企盲目投资，助长了重复建设和经济泡沫，也不利于国企结构调整。二是上缴部分民生支出占比过低。根据2007年的规定，央企上缴红利主要用于资本性支出、费用性支出和社会保障支出。办法试行三年后，财政共收取红利1572.2亿元，而用于民生的支出只有10亿元，进而引发了社会批评；到2014年，这种局面仍未得到根本扭转。当年财政部预算显示，央企上缴红利用于民生的资金只有184亿元，占比仅为12%，其余约1150亿元均通过资本性支出，如基础性投资、科技创新、改革脱困补助等各种名目回流至央企内部，占比超过70%，让全民共享央企收益的目标大打折扣。世界银行报告也指出，中国国企过度留存利润会使得再投资效率低下，可能导致顺周期投资，使经济更易出现大起大

---

① 江苏．三问央企红利上交：何时上调、怎么调、该咋用［N］．国际金融报，2010-10-29．
② 左林．求解教育经费之难［N］．财经，2010-03-15．

落,而且中国急需改善公共服务,因此大型国有企业应向政府增加红利支付比例,以改善教育和医疗等关键性资源的配置①。基于此,财政部近年来多次表示,将加大国企利润用来充实民生支出和社会保障的比例。

因此,将央企利润投入教育领域不但有助于合理利用资金,促进教育财政与事权相统一,保障教育发展,具有理论上的必要性,而且在操作上有政策可循,系民心所向,具有现实可行性。

(三) 教育税

在财政增收计划中,教育税是学界讨论较多的公共教育经费新财源。其主要思路是将现行的教育费附加(以下简称教育费)改为教育税,并适时增加税率,以满足公共教育经费需求。尽管目前教育费主要用于义务教育,但教育费改税后,教育总经费的增加无疑将加大高等教育经费的统筹空间。

从教育费改税的可行性看,多数学者认为,作为一项基础性的全民公共事业,教育供给应由税收收入予以保障,这是理论逻辑和国际惯例的必然要求,而教育费属于行政规费,用其保障教育运转"名不正、言不顺",导致了税费错位②。在实践层面上,教育费缺乏法律权威性,难以足额征收,在管理和使用上也缺乏规范性,资金浪费严重③。教育费以流转税为计费依据,会导致重复征缴、税基过窄、国地交叉征管等弊端④;再加上教育费具有固定性、无偿性、强制性的税种特征,又由税务机关征管,完全可升格为独立税种⑤。因此,教育费改税势在必行。

另有一些学者认为不宜进行教育费改税。其意见可概括为"替代论""逆流论""环境论"和"无效论"。"替代论"认为,教育费收入有限,而公共教育经费投入不足的主因在于公共支出不合理而非税收收入不足,所以与其费改税,不如加大预算投入替代教育费⑥;"逆流论"认为,教育费改税会增添

---

① 袁蓉君. 世行建议中国大型国企向政府分红 [N]. 经济参考报, 2006 - 02 - 14.
② 张伦俊. 开征教育税是保证教育投资的根本选择 [J]. 教育与经济, 2013 (5): 24 - 27.
③ 蔡秀云. 对中国教育费附加的思考 [J], 财政研究, 2006 (11): 32 - 34.
④ 翟帅. 开征教育税的可行性研究 [J]. 山西财经大学学报, 2011, 33 (S4): 11 - 12.
⑤ 李锐. 教育费改税是大势所趋 [J]. 税收征纳, 2017 (1): 51 - 52.
⑥ 李鹏飞, 唐久芳, 胡义芳. 教育税与财政性教育资金投入不足问题的研究 [J]. 生产力研究, 2009 (9): 50 - 51, 100.

新税种,还可能对其他公共事业产生示范效应,导致税种泛滥,增加税负,与财税改革精神背道而驰①;"环境论"认为,教育费改税在税费衔接管控、财政转移支付、基金化管理、社会舆论等方面缺乏条件,费改税应待条件成熟后再考虑②;"无效论"认为,费改税不足以改变教育费制度下重复征收、税基过窄、收入地区不平衡和国地交叉征管的痼疾③。

客观地看,上述质疑在特定历史时期均不乏合理之处,但世易时移,随着我国进入了特色社会主义的新时代,教育费改税问题的时代语境已悄然发生转换。财税体制改革的深化、反腐与公共支出压缩、全面"营改增"、部分公共教育经费来源的萎缩,这些新条件新要求为争议多年的教育费改税问题迎来破题契机,也使教育税开征具有了可行性。

1. 加大预算投入难以替代教育费改税

"替代论"认为,教育的公共品属性和教育费的"名费实税"属性只是教育费改税的必要条件,而不是充分条件。其理由是:教育经费短缺源于民主财政原则缺失、行政管理费增长过快、教育事权和财权分离等因素,制约了教育经费增长。所以只要提高公共支出合理性,增加预算内投入,就不必征收教育费,教育费改税问题也将不攻自破。这种观点否认了教育费改税的必要性,并不符合我国当前教育财政领域的实际情况。

第一,教育费的作用不容忽视。追踪教育费开征至今的收入数据可发现,其收入规模和作用明显呈上升趋势。表6-1和图6-1显示,1991年教育费收入仅28亿元,其后随着国家税收增长和地方教育费的征收,教育费收入2007年、2011年、2013年分别突破了500亿元、1000亿元和2000亿元大关,增幅近百倍。从教育费占义务教育经费的比重看,其重心在不断上移。1991—2000年教育费占义务教育经费的比重从6.5%增加到9.3%,平均占比7.9%,2001—2010年平均占比增至9.9%,2011—2015年平均占比进一步提升至14%,已成为公共教育经费的第二大来源。在这种情况下,倘若贸然取消教育费附加,不少中小学将陷入财政窘境。

---

① 余英. 教育税与毕业生税在中国开征的障碍性分析 [J]. 地方财政研究,2011 (6):19-23.
② 黄维,沈红. 论我国开征教育税的不可行性 [J]. 湖南商学院学报,2006 (4):65-68.
③ 白彦峰. 教育税与中国教育经费的财政投入问题研究 [J]. 经济与管理,2007 (10):69-73.

表6-1　1991—2000年教育费收入占义务教育经费和教育经费的比例

年份	1991	1992	1993	1994	1995	1996	1997	1998	1999	2000
教育费（亿元）	28	32	44	64	83	96	103	113	126	148
义务教育经费占比（%）	6.5	6.7	7.9	7.2	8.3	8.0	7.9	8.5	8.7	9.3

资料来源：1991—2015年《中国教育经费统计年鉴》和《中国财政年鉴》。

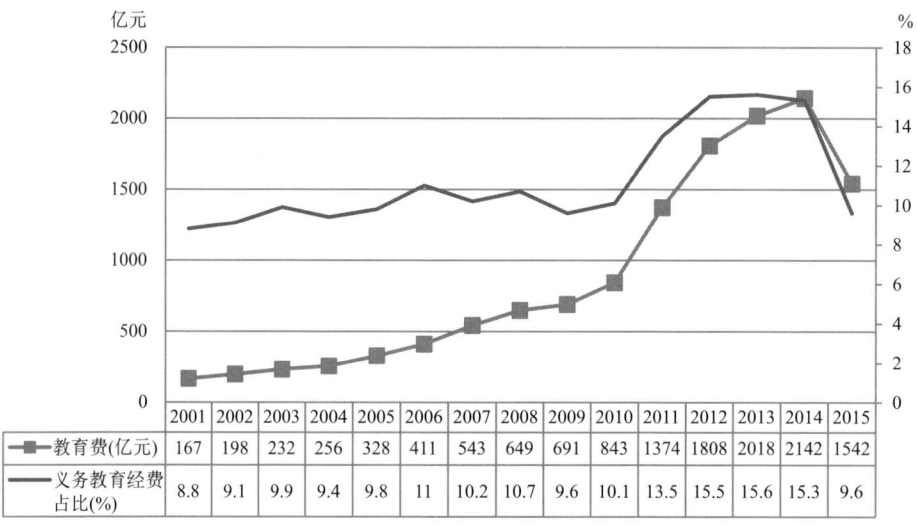

图6-1　1991—2014年教育费占义务教育经费、教育经费的比例

资料来源：2001—2015年《中国教育经费统计年鉴》和《中国财政年鉴》。

从教育经费的供求关系看，各级教育仍有数以千亿元计的"欠账"。教育部副部长杜玉波曾表示，"4%不是终点，而是新的起点……虽然我国教育支出总规模已达到历史最高水平，但保障水平仍然偏低：生均经费远低于中上收入国家平均水平；财政性教育经费中70%用于教师工资、学校运转、离退休人员保障等刚性支出；乡村教师、边远贫困地区，也需要用教育投入夯实均衡发展之基。与党提出的教育发展目标相比，薄弱环节还很多"[①]。从国际比较角度看，2014年全世界教育投入占GDP的平均比例为4.9%，OPEC成员国平

---

① 商亮. 把教育经费花到最需要的地方：教育部副部长杜玉波专访[J]. 云南教育, 2014 (3): 31-33.

第六章 转型期高等教育投入结构的优化方向与对策

均为6.1%,而同期我国只有4.15%①,2017年也只有4.13%②。可见,后4%时代我国教育经费应进一步加强,贸然取消教育费不可取。

第二,预算内投入增长潜力有限,难以替代教育费收入。既然贸然取消教育费不可取,可否如"替代论"所构想的,通过提高公共支出合理性来增加预算投入,从而替代教育费征收呢?事实上,这种构想是过于乐观的。我国教育财政投入不足固然与公共支出不合理有关,但其根源还在于教育投入增长受限于公共需求全面升级、多领域竞争财政经费、宏观调控扩权,以及财政增收放缓等复杂的转型期公共财政收支矛盾,绝非提高公共支出合理性就能彻底解决。例如党的十八大以后,行政管理费用偏高、支出不合理不透明等问题已得到控制,国家也采取了各种措施强化教育投入力度,但在经济下行压力巨大,财政收支矛盾特别突出的背景下,守住4%投入底线依然来之不易。教育部为此专门成立了"4%办公室",指挥了一场"真刀真枪的4%保卫战"。而且,"这场持久战还远未画下句点"②。教育财政增收之难可见一斑。再进一步看,教育财政支出已连续多年成为我国第一大财政支出,2017年达2.94万亿元,占公共预算支出的15%,其规模接近科技、卫生和国防事业支出总额③,占比在发达国家中仅次于美国。所以短期内,教育财政投入大幅增长的潜力已逼近极限。除确保完成刚性支出增长任务外,再挤出一部分财政资金替代教育费征收的可能性很小。基于此,以预算投入替代教育费征收是不现实的,相应地,教育费改税问题也无法回避。

2. 教育费改税与税费改革精神并不矛盾

"逆流论"认为,教育费改税会增加税种与税负,与国内外减税潮流和税费改革精神相悖。随着国家财税改革政策的明确,我们可以发现,这种看法存在片面性,教育费改税与国家财税改革精神从根本上是一致的。

第一,教育费改税与结构性减税政策并不冲突。首先,教育费改税只是对现行教育费制度的调整,并不直接等同于增加宏观税负。其次,包括我国在内的多数国家,目前所推行的减税方案大多系"结构性减税",即在社会总体税

---

① 周洪宇. 后4%时代政府与学者何为 [N]. 中国教育报. 2014-02-20 (7).
② 叶雨婷. 4%保卫战背后的温情 [N]. 中国青年报, 2017-09-22 (4).
③ 整理自2017年《中国财政统计年鉴》。

负适当降低的情况下,对税制内部进行"有增有减,有保有压"的结构性调整,所以它并不排除开征少数新税种或税率上升。例如,在我国当前结构性减税背景下,为引导社会投资和消费方向,玉石、珍珠岩的资源税,金属矿、非金属矿的增值税,以及烟酒消费税的税率仍有所提升,环保税、水资源税等新税种也已开始征收或试点。同样,只要在一定时期内减税与增税效应相抵后,社会总体负担降低,开征新的教育税乃至其税负水平略增,与结构性减税性精神都是相契合的。

第二,教育费改税合乎税费改革要求,其他公共事业收费项目难以效仿。曾有研究者担忧,教育税的开征会诱发"科技税""卫生税"等公共事业专项税泛滥。这种观点忽略了开征新税必须合乎税种设置的理论逻辑与税收法定原则。如果是费改税,还必须符合规费项目合理合法、具有税收特征这两个前置条件。从税收理论看,"一般目的税是财政开支的主要来源,特定目的税是特定范围内的补充"①。特定目的税可分为两类:一类是带有限制性目的的税种(如赌博税、消费税);另一类是为筹集专项资金而设立的税种(如城建税、地方道路税等)。参照上述定义,教育税是一种特定目的税,其目的在于聚集公共教育资金,以补充主体税种收入在教育投入方面的不足。因此,教育税合乎税种设立的理论逻辑。义务教育具有法律强制、全民覆盖等普通公共事业难以比拟的特点,既是我国最大的民生问题,也是最大的公共支出项目,教育费征收因而得到中央和地方各级政府的授权,具有合理合法性。教育费还具有固定性、无偿性、强制性的特点,又由税收部门征管,具有典型的税收特征,所以将教育费纳入费改税范围,完全合乎税费改革精神,还可以体现国家意志,引导教育发展和投资。相比之下,多数公共事业收费项目缺乏上述条件,并不具备费改税的基础,更不会引起税种泛滥。

3. 教育费改税的社会环境趋于成熟

"环境论"认为教育费改税缺乏所需的经济与舆论环境,这在一定程度上是对特定时期社会发展状况的反映,但随着我国经济社会发展水平的提升,教育费改税的社会环境已趋于成熟。

---

① 刘伟文,熊伟. 税法基础理论[M]. 北京:北京大学出版社,2004:25.

第一,经济条件更成熟。税费管控、财政转移支付制度、基金化管理条件以往被认为是影响教育费改税成效的薄弱环节,然而经过多年发展,这些环节已日趋完善,不足以阻碍教育费改税的实施。

首先,税费衔接是否可控,是以往质疑教育费改税可行性的依据之一。然而近年来随着税收体系建设和税费改革的深入推进,我国税费征管已由粗放型管理向精细化管理升级,企业收入申报制度、财会建账状况、信息化水平、纳税人意识等基础要素更加健全,征管质量不断提升,国家管控税费衔接的经验也更加丰富,为教育税费衔接及其后续征管奠定了良好基础;再加上"营改增"已全面实施,实现了营业税和增值税两税合一,教育税费国地交叉征管的局面已不复存在,教育税费衔接及其后续征管将更加便利。

其次,随着近年来新《预算法》(2015)、《中央对地方专项转移支付管理办法》(2015)、《关于改革和完善中央对地方转移支付制度的意见》(2014)等一系列法律法规的颁布,中央省际调用财力、均衡基本公共服务的决心和能力已今非昔比。据统计,2016年全国均衡性转移支付增长10.2%,高于转移支付总体增幅4.6个百分点;老少边穷地区转移支付增至1538亿元,三年内年均增长12.5%,教科文卫等民生领域的转移力度尤为明显①。而且,教育税还可设置为共享税实现教育专项转移支付。所以,以往关于中央财政转移支付可能会迁就地方利益格局,导致费改税后教育经费省际差异扩大的担忧已没有必要。

最后,以往有学者认为,教育支出难以与教育税收入同步,而且需要其他来源收入的补充,所以教育税无法实行专款专用的基金化管理。实际上,收支同步和对称并不是基金化管理的必要条件,我国其他专项税种,如城建税、环保税等,同样存在收支不同步、不对称的问题,但并不影响它们实行专款专用的基金化管理。教育支出短缺部分可以通过其他收入来源调剂补足。

第二,舆论环境更有利。在以往的讨论中,教育费改税的一大隐忧是担心遭遇公众抵触。然而在新时代条件下,舆论阻力正趋于消弭。

首先,费改税在我国已推行多年,城建税、燃油税、水资源税、环保税,

---

① 肖捷. 国务院关于深化财政转移支付制度改革情况的报告 [EB/OL]. 2016-12-26. http://www.mof.gov.cn/zhengwuxinxi/caizhengxinwen/201612/t20161226_2504987.htm.

这些费改税有的征收已久,有的新开征或正在试点。总体看,经过长期的宣传教育和改革实践,费改税理念已广为人知,对费改税的态度也由怀疑发展到认同,群众满意度不断提升。调研结果也表明,在民众心中,费往往与"乱收费"相联系,不如税收明确规范,因此民众对税的认同度更高①。而且,教育税直接为义务教育筹集资金,社会效益比其他税种更直观,受益面更广,因此有理由相信,教育费改税将得到社会舆论的支持。

其次,以往公众对费改税的疑虑与财政支出不合理有关。然而随着财政体制的完善和反腐力度加大,浪费公共资金现象大为减少;在财政增收减速的条件下,公共民生支出增幅已连续多年高于财政支出增幅(2016 年 17 个省份的民生投入占财政支出的比重超过 75%②);尤其是教育财政投入,已连续六年超过 GDP 的 4%。这种"过紧日子,只能紧政府不能紧民生"的财政导向表明,我国"税负—福利"组合显著优化,民众对教育税"取之于民,用之于民"将更有信心。

4. 科学设计费改税方案可化解教育费制度弊病

"无效论"认为,教育费改税难以解决重复征缴、税基过窄、收入地区失衡等教育费痼疾。这种观点对教育费改税可能取得的成效估计不足。事实上,只要科学设计改革方案,教育费弊病并非不可解决。为兼顾"宽税基、低税率、严征管"的税制改革目标,教育费改税可考虑遵照如下方案实施。

第一,税基扩大为企业流转额。曾有一种意见认为:为保证平稳过渡,教育税应继续以流转税额作为计税依据。这种做法显然会延续以往重复征缴、税源不足的弊端。国内外多项研究都表明,企业发展与教育水平强相关。所以,教育税应设置为正税,以避免重复征税;在税基选择上,以企业流转额(即商品或劳务的交易额)为税基比较可行:其一,我国以流转税为主要税种,以流转额为税基可以保证税源充足,为教育增收预留空间;其二,全面"营改增"破解了教育费国地交叉征管局面,以流转额为税基,可以保持国税系统与企业的征缴关系不变,充分利用流转税完善的征管体系,保证教育税足额

---

① 蒲晓红,徐梓川. 实施社会保险费改税的障碍化解 [J]. 经济理论与经济管理,2013 (6): 62.
② 何凡. 财政大数据透析:民生支出占几成? [EB/OL]. 新华网,2017 - 03 - 05. http://news.xinhuanet.com/fortune/2017-03/05/c_129501708.htm.

征收，同时降低改革成本，减少改革震荡。

第二，教育税列为中央地方共享税。费改税前，教育费收入全部归属地方，导致了教育费收入地区失衡。基于地区间税源平衡的原则，教育税应列为中央地方共享税，不同地区可以根据教育经费供求状况确定划分比例；地方分成收入用于地方基础教育，确保地方积极性，中央分成收入主要用于贫困地区教育转移支付，以平衡教育税地区差异，促进教育均衡发展。

第三，此前许多学者建议教育税税率定在3‰—5‰。鉴于经济社会形势已经发生变化，可根据实际情况重新测算税率。但在改革初期，建议参照环保费改税的税负平移原则，教育税税率设计应确保企业总体税负不变，以落实结构性减税政策，保障平稳过渡。日后可根据宏观经济和教育经费供求状况，对税率加以动态调整，促进教育增收。

第四，税收优惠与其他配套改革。教育税起征点可参照流转税起征点设置；基于鼓励教育投资和支出原则，可对某些教育培训机构、捐资助学的纳税人给予适当教育税减免或税前扣除。教育"费改税"要同预算管理、财政支出、财政监督领域内的诸项改革相结合，以防止"税已增、费未减"的"黄宗羲定律"重演。

5. 新时代实行教育费改税的紧迫性

新时代启动教育费改税，不但有助于理顺税费关系和教育投入机制，而且对规范教育筹资行为，增加教育财政收入还有着特殊的现实意义和迫切性。

第一，教育费改税是"后4%"时代规范教育筹资机制的迫切需要。教育筹资长效机制缺位是以往教育财政投入不足的重要原因，这导致政府往往只能采用行政动员的方式筹集经费。其中一个典型案例，就是2011年为完成"破四"任务，政府出台了开征地方教育费和从土地出让金中计提教育经费的应急措施。这两种措施虽有效，但毕竟源自地方法规和部门规章，具有某种权宜性和行政色彩，执行弹性较大。当教育财政投入水平进入"后4%"时代，保障公共教育经费增长的工作重点急需回归到教育筹资长效机制的建设上来。在这一背景下，教育费改税通过立法规范教育收入来源，使得其可预期，易监管，有助于促进"定标准、定责任、入预算"的新教育筹资长效机制建设①，具有很强的现实意义。

第二，"后4%"时代多项教育财政经费来源趋于萎缩，倒逼教育费改税。随着我国财政收入增速放缓，财政性教育经费稳定增长的难度加大。而且，在"后4%"时代的财政性教育经费来源中，多项收入均存在问题或隐忧：首先，随着国有企业公益职能的剥离，企业办学投入锐减。2000年企业投入占教育财政经费的比重尚有3.53%，2017年则仅为0.09%②。随着2018年底国企举办的普通学校全部移交地方③，企业办学投入趋于消亡。其次，学校创收在激烈的市场竞争和回归育人本位的争议中面临巨大挑战，收入逐渐减少。2000年学校创收占教育财政经费的1.48%，2017年也仅占0.09%④，几乎可以忽略不计。最后，土地出让金计提教育基金虽一度对教育经费增长起了重要作用，但随着"房住不炒"政策的长期实施和房地产市场调控的升级，这块收入今后很可能面临下滑。例如，2015年我国土地出让收入同比下降21.6%⑤，按照10%的比例计提教育资金，当年教育经费会减少92.83亿元；又据财政部2019年5月公布的最新数据，2019年前四月土地出让金收入同比下降7.6%⑥，这很可能会减少土地出让金计提教育经费的额度。

相比之下，教育费收入可与国民经济增长挂钩，征收规模大，长期以来都是除预算投入之外最重要的教育财政经费来源。教育费收入属于行政性收费，随税征收，缺乏法律权威性，征管效率低，在当前"清费立税"的大背景下，其收入很容易受到政策变动的频繁冲击。例如，为减轻企业负担，2014年末国务院决定，小微企业三年免征教育费和地方教育费；到2016年，为进一步清理和规范行政收费，国务院再次决定，将教育费附加和地方教育附加的免征范围由月营业额不超过3万元，扩大到不超过10万元；再加上"营改增"带

---

① 王善迈."后4%"时代财政教育投入的长效机制建设[N].光明日报，2015-12-08（7）.
② 整理自2000年和2017年《中国教育经费统计年鉴》.
③ 刘林.国企举办普通学校移交地方工作明年底前将基本完成[N].中国教育报，2017-08-26（1）.
④ 整理自2000年和2017年《中国教育经费统计年鉴》.
⑤ 2015年全国土地出让收支情况[J].中国财政，2016（7）：78-79.
⑥ 财政部.前4月国有土地使用权出让收入下降7.6%.https://finance.sina.com.cn/china/2019-05-08/doc-ihvhiews0635405.shtml.

来的减税效应和征管不力等因素的影响，2015年、2016年和2017年教育费收入分别降至1382亿元、1404亿元和1408亿元①，严重影响了义务教育经费筹集。因此政府宜未雨绸缪，尽快启动费改税，确立教育税的独立地位，保障教育经费的稳定供给，以填补传统教育财政经费来源萎缩的空缺。

综上所述，在新时代，教育费改税合乎财税改革精神，配套环境趋于成熟，有助于革除旧弊，增加教育财源，促进教育筹资规范化建设。回顾历史也可以发现，教育费征收原本是一种权宜措施，早在2000年农村税费改革之际，教育部门和国家税务总局就曾多次提出教育费改税的动议，然而由于时代条件的局限性，改革并未落地。如今，改革时机已基本成熟。据悉，早在2013年财政部布置的六项重点课题中，就包括了"十三五"期间形成教育费改税改革方案的主题②。这表明，相关议题已纳入决策者的视野。因此，今后应进一步加大教育费改税的研究力度，推动相关立法进程，为高等教育财政投入提升奠定基础。

三、提升高等教育社会投入占比的若干对策

高等教育社会投入主要由教育捐赠收入和社会办学投入组成。从高等教育普及化国家的经验看，社会资本对缓解高等教育设施和经费紧张、丰富办学层次和类型，促进教育民主和多元化办学起到了重要作用。近年来，我国高等教育社会资本运行也出现了可喜的变化，涌现出一批以南方科技大学、西湖大学为代表的研究型民办大学和以茅台大学为代表的应用型民办高校，2018年北大、清华、人大等19所高校的社会捐赠也突破了10亿元③，受到了学界关注和社会欢迎。但总体来看，目前民办高等教育和高校捐赠还面临不少问题，致使社会投入比例仍然很低，这与社会资本日益壮大的形势是相悖的。今后应采取措施，进一步加大扶持力度，破解社会资本投入高等教育事业的体制瓶颈，吸引更多社会资本进入高等教育领域，以分担财政压力。

---

① 整理自2015—2017年《中国教育经费统计年鉴》。
② 刘琳．增固地方税权［J］．财经国家周刊，2014（12）：46．
③ 2019中国大学社会捐赠排名：清华大学123亿第一［EB/OL］．http：//edu.sina.com.cn/gaokao/2018-12-24/doc-ihqhqcir9749348.shtml．

（一）加大教育捐赠的激励力度，增加高等教育社会捐赠

教育捐赠是指个人、集体和企事业单位对学校以资金或实物形式给予的捐献和赠予，它是高等教育的重要筹资方式。2009 年全年哈佛大学获得的捐款总额超过 6 亿美元，捐款基金总额高达 260 亿美元[①]。相比之下，转型初期我国教育捐赠规模小，与世界发达国家相比仍有较大差距。1992—2015 年社会捐赠占高等教育投入最高不超过 0.5%，而且集中在少数名校。2015 年中国大学校友捐赠排行榜统计了 25 年来高校累计接受校友捐赠金额，排名前五的高校分别为北大 20.17 亿元、清华 13.89 亿元、武大 11.29 亿元、人大 7.58 亿元、浙大 6.39 亿元[②]，均与国外研究型大学相距甚远。

高等教育发展需要大量的资金投入，单靠政府的财政拨款显然是不能满足高等教育发展需要的，基于此，今后应该从多方面入手，加大社会资本对教育事业的捐赠力度。

首先，要重视社会教育捐赠意识的文化培育，通过鼓励社会捐赠、发展教育基金会、支持民办教育等手段广泛吸纳社会资源。捐赠属于道德范畴，捐赠事业的发展很大程度上依赖于人们捐赠意识的提高。中华传统文化中，尊师重教、回报社会、造福桑梓，这是教育捐赠的道德基础，也是促使企业和个人向教育捐赠的精神支柱。在实际工作中要加强社会舆论宣传，利用舆论导向大力弘扬历史和现实中社会成员的教育捐赠行为，对于乐于奉献、慷慨解囊的善举和义举，要进行大力宣传和表彰；增加对国外教育捐赠理念和事例的介绍，宣传教育捐赠的互利作用，树立倡导教育捐赠意识和文化氛围。

其次，要充分发挥税收优惠政策的导向作用，研究适应我国国情和高教事业发展需求的社会捐赠措施，制定相应的配套措施和激励措施。确定合理的减免税比例，促进高校社会捐赠的良性发展。目前的问题是，虽然政府在政策文件中提出要引导和激励高校吸引社会捐赠，然而在一系列高等教育事业捐赠中却没有规定与之相关的具体税收优惠等措施，使得涉及高等教育社会捐赠的法律法规和税收政策不系统、不完善，这已经严重阻碍了我国高教捐赠事业的发

---

① 校友捐款再引争议，美国名校为何能"吸金"？. https：//edu.qq.com/a/20170520/005648.htm.
② 姜耀东. 迎接中国高校社会捐赠的春天. http：//edu.people.com.cn/n1/2015/1222/c1053-27960987.html.

展,以致捐赠在商洽过程中因无法得到法律法规和税收等优惠政策的支持而半途而废。2004年6月1日颁布的《基金会管理条例》第26条规定:"基金会及捐赠人、受益人可以依照法律、行政法规的规定享受税收优惠",此项规定确立了税收优惠的总原则,表明基金会、捐赠人、受益人三方面都能够依照法规享受税收优惠,但是具体的税收优惠办法仍未具体制定。因此建议国家应尽早出台适应我国国情和高教事业发展需求的社会捐赠法规,确定合理的减免税比例,规范高教募捐的行为和资金的分配、使用与监督等。

最后,要提高高校对捐赠资金的管理水平。美国高校大多成立了专门管理捐赠资金的组织机构,且以独立企业的形式运作,高度市场化和专业化,这些机构会长期对捐赠人进行反馈,接纳、管理、使用、公开等捐赠资金的运营都有专业人员负责。这些管理方式值得我们学习和借鉴。

(二) 破解民办高等教育体制瓶颈,增加民办高等教育投入

民办高等教育是我国高等教育事业的重要组成部分。经过了30多年的发展历程,我国民办高等教育已取得了巨大进步。2017年我国民办高校已达到734所(其中本科院校423所,含275所独立学院),占全国高校总数的近三成,在校生628万人,约占全国高校在校生总数的两成[①]。尤其是近年来,以南方科技大学、西湖大学为代表的一批院校的崛起,改变了我国缺乏高水平、研究型民办高校的历史,标志着我国民办高等教育发展已经进入了一个新的阶段。目前我国民办高校在产权、法人治理结构、分类管理、师资建设和专业设置方面还存在不少问题,影响了社会资本的有序进入。基于此,今后管理部门和办学者应以《民办学校分类登记实施细则》和《营利性民办学校监督管理实施细则》出台为契机,进一步立法破除民办高校在产权、法人治理结构、分类管理和专业设置方面的体制瓶颈,破除民办高校发展的障碍。

第一,明晰民办高校产权。国家应该进一步完善民办高校产权管理方面的法律法规。针对民办高校筹资的主要形式,如投资办学、捐资办学和混合集资办学等形式,制定明确的产权归属办法,为产权问题合理解决提供前提条件。

第二,完善民办高校法人治理结构。首先,民办高校在确定办学定位时,

---

① 整理自2017年《中国教育统计年鉴》。

要考虑公益性，也要培育市场化意识；其次，为改善董事会领导下的校长负责制的治理冲突，可制订办学章程，保障董事长、董事会和校长的权力运行。最后，完善监事会机制，增加由教师、学生和家长组成的监督机构，使董事会权力得到监督。

第三，实行科学化分类管理。首先，政府在民办教育发达的省份，针对不同规格的民办高校，做好分类管理试点，积累分类管理经验，以后在全国范围内推广。其次，民办高校自身要积极探索分类管理的有效途径。只有结合现实需要而提出的对策才会更有针对性，提升分类标准的科学性和可操作性。最后，专家要加大理论和实证研究力度，为科学分类管理提供理论支撑。

第四，提高自身软硬件条件，强化专业设置特色。首先，民办高校积极争取国家支持，提高软硬件条件。其次，政府要保证民办高校教师和公办高校教师拥有平等的发展前景，促进不同高校师资的合理流动；从民办高校层面讲，民办高校要不断完善教师管理制度、薪酬激励措施、考评机制等，提高现有教师队伍稳定性，大力引进优质教师资源。最后，针对专业同质化的趋势，民办高校一定要因地制宜，以社会需求为导向，办出特色，提升自身竞争力。

总之，民办教育是促进高等教育改革和优化高等教育投入结构的重要力量，今后应切实采取措施，加大对民办教育的规范和保护力度，努力满足多样性的教育需求，同时也吸引更多的民间资金进入高等教育领域，以减轻财政投入和个人投入的负担水平。

三、对高校学费制度进行结构化改革

降低个人投入比例是高等教育成本分担理论和高等教育普及化的共同要求，但这并不意味着一刀切地排斥所有学费的上涨。据统计，2007—2016年我国高校学费平均值在5836—7348元之间波动，涨幅很小[①]；而同期城镇和农村居民人均收入分别增长了96%和139%，[②] 学校办学成本也有较大涨幅，学费上调确有一定的合理性。另有研究发现，在京沪等发达地区，学费占办学经费的比例已低于发达国家平均水平。此外，我国双一流大学的办学成本高，中

---

① 整理自2007—2016年《中国教育统计年鉴》。
② 整理自2007—2016年《中国经济统计年鉴》。

上收入家庭生源比例大，毕业后收入水平也相对高，而学费标准却比较低；高职院校和民办院校办学成本低，生源大多来自中低收入家庭，毕业生收入不高，学费标准却往往高于双一流大学。进入普及化阶段以后，我国高等教育办学层次和类型将更加丰富。针对这种学费与高等教育受益和能力状况倒挂的情况，今后高校收费应推行"有增有减、有保有压"的结构化改革，即根据办学成本、个人收益率、家庭收入和地方经济发展水平等因素，制定有差别、有弹性的学费动态调整机制，构建分级分层的学费价格体系。一方面，适当提升少数研究型大学、热门专业和发达地区的学费标准；另一方面，控制广大欠发达地区、基础艰苦专业和众多职业院校与民办学校的学费涨幅，并加大财政补贴与学生资助力度，进而在增加个人投入规模的同时，实现个人投入比例的总体下调，也使高校收费更合乎高等教育成本分担理论和高等教育普及化的要求。

第三节 小结

高等教育投入结构是协调高等教育发展的利益关系，筹集高等教育发展资金的关键。20世纪90年代以来，我国高等教育投入结构合理性水平引发了持久的争论，一度给高等教育大众化的筹资工作造成被动局面。如今，我国高等教育将迈入普及化阶段。在新的历史节点上，有必要及早明确普及化阶段高等教育投入结构的优化方向与对策，保障高等教育普及化的财政供给。

从国际经验看，高等教育普及化国家的投入结构取决于国情和教情，并无统一标准。而且，我国高等教育普及化进程是在社会主义制度框架内和经济社会深入转型期展开的，不可盲目照搬他国经验。因此，今后应结合高等教育成本分担的理论逻辑、高等教育大众化阶段的经费筹资经验，以及今后高等教育发展的现实条件与任务，确定普及化阶段高等教育投入结构的优化方向与对策，以实现新时期高等教育投入结构在逻辑、历史与现实上的统一。

从理论逻辑的角度看，高等教育投入结构的优化要在统筹政府、学校、社会、个人的利益的基础上，按照受益原则与能力原则相结合的方式进行（往往还需确定主次原则）；而当高等教育投入结构与成本分担原则相背离或能力和受益状况变化时，高等教育投入结构就具有了演进的动力。从历史经验看，20世纪90年代以来，我国高等教育投入结构的嬗变先后起到了促进筹资和拉动需求的作用，并形成了坚持能力结构为主的成本分担原则、制订适度的个人投入比例、高等教育投入结构与经济社会发展联动的历史经验。

当前，我国已进入高等教育普及化阶段，而且确立了2035年实现教育现代化、21世纪中叶基本建成高等教育强国的宏伟目标。对标发达国家，我国要建成高等教育强国，急需按照高等教育成本分担理论的要求，在保持高等教育投入绝对规模增长的同时，不断优化内部的比例结构。因此，今后我国高等教育成本分担仍应坚持能力结构为主，受益结构为辅的总体原则；在分担结构的优化要求上，既要化解社会投入比例低于均衡水平的历史痼疾，又要根据新的能力结构与受益结构调整财政和个人投入比例。高等教育投入结构优化的具体方向可概括为：稳步提升财政投入比例，大幅增加社会投入比例，降低个人投入比例。

从普及化阶段高等教育投入结构的优化对策看，今后可采取保障国民经济发展、加大现代财政制度建设、严格控制行政管理开支、控制高等教育规模增速、建立"定标准、定责任、入预算"为核心的高等教育财政投入长效机制等措施，加强高等教育国家财政能力建设。努力探索新公共教育经费来源渠道，重点考虑的公共教育经费来源包括央企利润按比例计提和教育税，以增加高等教育经费来源。通过破解民办高等教育发展的体制瓶颈和激励高等教育社会捐赠等措施，提升高等教育社会投入占比，减轻高等教育财政投入压力。还可以对高校学费制度进行结构化改革，进而在增加个人投入规模的同时，实现个人投入比例的总体下调，也使高校收费更合乎高等教育成本分担理论和高等教育普及化的要求。

第七章

研究结论与创新

第一节 研究结论

第一,从筹资规模看,自 20 世纪 90 年代以来,我国高等教育投入增长迅猛,为高等教育跨越式发展奠定了物质基础。1992—2015 年高等教育财政累计投入达总投入的半数以上(56%),起到了高等教育投入主渠道的作用,个人投入占近三成(27%),是其重要组成部分,社会投入比例极低(1.6%)。

第二,从演进路径看,转型初期个人投入增长最快,其次是社会投入,财政投入增速最慢。2005 年以后财政投入增速逐渐超过个人和社会投入增速,这就导致了转型期高等教育投入结构的演进具有阶段性特征:财政投入占比呈"高—低—高"式的 U 型波动;而个人投入占比呈"低—高—低"式的倒 U 型波动,社会投入占比始终在低位运行。

第三,从演进逻辑看,高等教育投入结构的演进深深地嵌入转型期经济社会结构变动之中。具体而言,在转型初期,经济高速增长,高等教育消费能力提升,乃至改革与发展的时代主题,都要求高等教育加速扩张。而国家财力紧张、高等教育历史欠账严重、民间资本的羸弱,促成了国家投入占比与个人投入占比的此消彼长。由于学费上涨超出了低收入家庭的承受范围,引发了社会异议,这就为此后高等教育投入结构回归到 21 世纪初期提供了动因。

第四,从演进合理性看,1992—2005 年国家投入占比与个人投入占比的此消彼长是转型期经济、政治、文化和教育等各项社会历史条件综合作用的结果，它是高等教育发展过程中一个不可逾越的历史阶段，总体上促进了生产力的进步，满足了人民的高等教育需求，具有历史的必然性与合理性。在高等教育扩张的过程中，高等教育学费水平不断攀升，加重了低收入阶层的负担，一定程度上影响了高等教育公平，导致了历史合理性与价值合理性的背离。2006年以后，随着和谐社会理念的提出、国家财力的增强和公共财政体系的完善，高等教育财政筹资责任回归，减轻了家庭投入负担，高等教育投入结构的历史合理性与价值合理性趋于统一。

第五，从演进主体的关系看，高等教育财政投入占比是决定高等教育投入结构的关键，从1992年占比高达九成，到2005年仅占四成，再到2015年回归到扩招初期约六成的合理水平，高等教育财政投入占比体现出螺旋式上升的辩证发展特征，带动了整个高等教育投入结构的变迁。期间财政筹资责任也经历了"越位—缺位—基本到位"的演变。其演进逻辑可概括为：在公共财政创建期，为改变政府包办高等教育筹资的越位现象，财政开始以高等教育成本分担的形式退出私人领域，但由于财政转型未到位，公共财政职能在高等教育大众化过程中出现某些缺位，政府筹资责任不断弱化。此后，和谐社会的提出与公共财政体系逐渐完善与强化了公共财政履责决心和能力，促使高等教育政府筹资责任回归。

第六，从优化方向与对策看，高等教育投入结构并无放之四海皆准的统一标准，它必须与我国转型期国情相适应，不可盲目照搬他国经验。综合我国当前高等教育发展的任务与实践、高等教育成本分担理论及其财政支出增长的一般规律，今后高等教育投入结构应继续提高财政投入比例，大力增加社会投入占比，进一步降低个人投入占比，以促进高等教育投入结构的价值合理性与历史合理性的耦合。所以在现阶段，社会各界应发挥主观能动性，积累资源，为优化高等教育投入结构创造条件。相关对策包括：保障宏观经济发展，加快现代财政制度建设，严格控制行政管理开支，以加强国家财政能力建设；探索建立央企利润计提教育经费机制，推动教育费改税，拓宽教育财政新财源；鼓励教育捐赠和发展民办高等教育，加大高等教育社会投入，对高校学费制度进行结构化改革；等等。

第二节 研究创新

一、研究视角创新：静态微观视角到动态宏观视角

以往对高等教育投入结构的分析，主要是从静态微观角度出发，局限于教育财政领域，探讨特定时点的高等教育财政状况或短期变化。这种研究范式忽视了研究对象的社会历史规定性，容易产生"刻舟求剑""就事论事""见木不见林"的认知盲区，影响教育财政政策评价和未来决策的科学性。而本书从动态宏观视角出发，将20世纪末至今的高等教育投入结构置于"转型期"这一更为深广的时空范围内加以动态考察，探求其演进趋势与路径，剖析隐匿在问题表象下的经济社会结构与社会历史逻辑，从而更深刻地揭示高等教育财政问题的社会历史根源与合理性。

二、评价维度创新：价值合理性到历史合理性

以往相关研究对高等教育结构合理性的探讨，主要立足于价值合理性评价，即评价者基于特定价值观，对评价主体与评价对象的价值关系作出的主观评判。这种评价方式忽视了高等教育投入结构的社会历史规定性，更多地反映了评价者的个人价值立场，因而评价结果缺乏客观性、普遍性和深入性，也容易造成高等教育财政状况取决于决策者个人意志的错觉。而本书在沿用价值合理性评价标准的基础上，引入历史合理性这一新的评价维度，揭示转型期经济社会结构对高等教育投入结构的"限制性决定"作用，实现单一的"合目的性"评价向"合规律性"评价与"合目的性"评价综合的飞跃，以提升评价结果的全面性、科学性和客观性，拓展研究的深度和广度。

三、学术观点创新

本书还为学界提供一系列值得关注的研究发现和观点。例如，本书发现：以2005年为界，高等教育财政投入占比呈U型波动，个人投入占比呈倒U型波动（以往研究大多忽视了这种反转趋势）；转型初期高等教育个人投入占比

上升总体上具有历史合理性（以往研究大多从价值合理性的角度对此持质疑乃至否定态度）；我国转型期高等教育投入结构的演进路径嵌入转型期经济社会结构变动之中，折射出时代主题变迁与体制转轨特征；我国高等教育投入结构的优化方向是提高财政投入比例，增加社会投入占比，降低个人投入占比；教育费改税和央企利润计提教育经费具有可行性；等等。

第三节 研究局限与展望

由于笔者水平有限，再加上本书所涉范围广，时间跨度长，需要收集20多年来的高等教育和经济社会发展数据，研究工作量较大，难免会有疏漏和力不从心之处。由于部分资料和数据难以获得，或不便公开，这就使得本书存在某些缺憾，有待今后弥补。例如，俄罗斯与中国体制渊源深厚，转型背景与目标相似，因此本书原拟通过考察俄罗斯案例，探求计划经济向市场经济转型国家高等教育投入结构演进的一般规律，查找国别差异，寻求先进经验，以检验、拓展和深化关于中国案例的研究发现，进而解答"转型期中国高等教育投入结构演进的一般性与特殊性何在"之问题。然而笔者在研究中发现，国内相关资料匮乏，国外文献又大多为俄文文献，英文资料欠缺。尽管笔者聘请了俄文专家翻译相关资料，但囿于学科差异，研究进度较慢，因而未在本书中体现相关内容。所幸的是，这类问题并不多，而且研究结论也有理论分析支撑，因此不会影响主要结论的科学性和可靠性。笔者将在后续研究中继续开展中俄国际比较，为合理性评价与经验总结提供更多的实证材料。

参考文献

1. 蒲实. 转型期中国：挑战与应对 [M]. 北京：人民出版社，2015.

2. 徐家林. 社会转型论 [M]. 上海：上海人民出版社，2011.

3. 王军. 转型期中国公共财政 [M]. 北京：人民出版社，2006.

4. 金子元久. 高等教育的社会经济学 [M]. 北京：北京大学出版社，2007.

5. 小弗恩·布里姆莱，鲁龙·R. 贾弗尔德. 教育财政学——因应变革时代 [M]. 北京：中国人民大学出版社，2007.

6. 陈鸣，朱自峰. 中国教育经费论纲 [M]. 北京：中央编译出版社，2008.

7. ［美］布鲁斯·约翰斯通. 高等教育财政：问题与出路 [M]. 沈红，李桃红，译. 北京：人民教育出版社，2004.

8. 国家教育发展研究中心. 2016年中国教育绿皮书 [M]. 教育科学出版社，2016.

9. 中央编译局. 《马克思恩格斯选集》（第四卷）［M］. 北京：人民出版社，1995.

10. 闵维方. 高等教育运行机制研究 [M]. 北京：人民教育出版社，2002.

11. 国家统计局. 中国教育经费统计年鉴 [R]. 北京：中国统计出版社，1992－2015.

12. 国家统计局. 中国教育统计年鉴 [R]. 北京：中国统计出版社，1992－2015.

13. 国家统计局. 中国经济统计年鉴［R］. 北京：中国统计出版社，1992－2015.

14. ［美］詹姆斯. 教育责任在公私间的划分［A］//Martin Carnoy. 教育经济学国际百科全书：第二版. 闵维方，等译. 北京：高等教育出版社，1999.

15. 陈纯槿、郅庭瑾，世界主要国家教育经费投入规模与配置结构［J］. 新华文摘，2018（4）.

16. 梁显平，洪成文. 西方国家高等教育社会筹资：经验、特点及趋势［J］. 比较教育教究，2018，40（3）.

17. 晏成步. 高等教育公共支出的国际比较分析——兼议高等教育财政制度转型［J］. 中国高教研究，2017（5）.

18. 季俊杰. 公共财政体制转型视角下高等教育财政投入比例的演进逻辑［J］. 国家教育行政学院学报，2018（11）.

19. 刘省非. 转型期俄罗斯高等教育改革研究［M］. 北京：人民出版社，2013.

20. 杜鹏. 中国高等教育生均教育经费：低水平、慢增长、不均衡［J］. 中国高教研究，2016（5）.

21. 王树涛，张德美. 金融危机后世界一流大学财政经费来源的结构变化及启示［J］. 国家教育行政学院学报，2014（9）.

22. 方芳，刘泽云. 2005—2015年我国高等教育经费投入的变化与启示［J］. 中国高教研究，2018（4）.

23. 李枭鹰，王贤. 中国高等教育经费来源的变化趋势［J］. 现代教育管理，2014（9）.

24. 孙志军. 扩招十年来中国普通高校经费收入的变化及解释［J］. 清华大学教育研究，2009（4）.

25. 杨明，赵凌. 论普通高校十年扩招中经费投入的特征、问题及对策［J］. 浙江大学学报：人文社会科学版，2012（5）.

26. 刘红宇，马陆亭. 高等教育社会投入趋势研究（1998—2008年）［J］. 中国高教研究，2011（5）.

27. 储朝晖等. 高等教育经费承担的现状、问题及应对 [J]. 清华大学教育研究, 2008（1）.

28. 岳昌君. 中国高等教育财政投入的国际比较研究 [J]. 比较教育研究, 2010, 32（1）.

29. 鲍威. 高等教育规模扩张的理论解释与扩张机制 [J]. 教育学术月刊, 2012（8）.

30. 王丹中. 转型期中国教育投资制度研究 [D]. 南京师范大学博士论文, 2014.

31. 金子元久. 东亚高等教育发展模式中的财政课题 [R]. 北京大学中日高等教育财政研讨会论文, 2006.

32. 徐伶俐. 美国高等教育经费来源对我国的启示 [J]. 太原师范学院学报: 社会科学版, 2012, 11（6）.

33. 布鲁斯·约翰斯通, 李红桃, 沈红. 高等教育成本分担中的财政与政治 [J]. 比较教育研究, 2002（1）: 26–30.

34. 范先佐. 我国学生资助制度的回顾与反思 [J]. 华中师范大学学报: 人文社会科学版, 2010（6）.

35. 林剑. 社会历史与演进的必然性与合理性 [J], 哲学研究, 2013（6）.

36. 刘诗白. 中国转型期有效需求不足及其治理研究 [M]. 北京: 中国金融出版社, 2012.

37. 李文利等. 中国高等教育需求与规模速度研究 [R]. 教育部网站, http://www.edu.cn/20010827/208587.shtml.

38. 北京大学课题组, 关于扩大高等教育规模对短期经济增长作用的研究报告 [R]. 教育部网站, http://www.eol.cn/20030528/3085626.shtml.

39. 施发启等. 中国经济五十年结构调整不平路 [N]. 中国证券报, 2006–10–16.

40. 李丽辉. 财政部: 公共财政支出2/3用于民生 [N]. 人民日报, 2011–09–30.

41. 晋浩天. 教育部权威解答学费调整该怎么看 [N]. 光明日报, 2014–

8-22.

42. 赵雷,吕元祥,华中炜. 我国基础设施建设的国际比较研究[J]. 中国物价,2013(1).

43. 李文利、闵维方. 中国高等教育发展规模的现状和潜力分析[J]. 高等教育研究,2001(2).

44. 韩秉志. 教育部回应部分高校学费调整——收费水平总体上可承受[N]. 经济日报,2014-08-22(6).

45. 高培勇. 现代财政与公共财政并不矛盾[N]. 人民日报,2015-04-01(9).

46. 董再平. 我国行政管理费的现状及其控制[J]. 行政论坛,2008(1).

47. 王善迈. "后4%"时代财政教育投入的长效机制[N]. 光明日报,2015-12-8.

48. 张伦俊. 开征教育税是保证教育投资的根本选择[J]. 教育与经济,2013(5).

49. 周洪宇. 后4%时代政府与学者何为[N]. 中国教育报. 2014-02-20(7).

50. 张培丽. 经济转型时期我国高等教育筹资模式研究[J]. 财贸经济,2008(4).

51. 刘红宇. OECD国家高等教育投入典型模式[J]. 高等教育研究,2012(5).

52. 金荣学. 中美高等教育捐赠税收制度比较[J]. 教育研究,2013(7).

53. 曾小军,喻世友. 美国联邦政府对营利性高等教育的财政资助[J]. 高等教育研究,2018,39(6).

54. 张英婕. 非财政性高等教育经费:来源、问题与建议[J]. 生产力研究,2018(6).

55. 柴江. 我国高等教育经费投入的趋势与展望:基于OECD成员国的比较[J]. 黑龙江高教研究,2018(1).

56. 布鲁斯·约翰斯通. 高等教育财政与管理:世界改革现状报告[J].

高等教育研究，1999（6）.

57. 张继华. 美国高等教育经费筹措经验分析［J］. 黑龙江高教研究，2009（10）：83-86.

58. 孙羽迪. 美国高等教育经费来源及启示［J］. 现代教育管理，2009（7）：98-100.

59. 易红郡. 英国高等教育市场化趋向：经费筹措视角［J］. 清华大学教育研究，2012，33（3）：89-97.

60. 霍启红，张莹. 高等教育经费筹措的国际比较研究［J］. 继续教育研究，2008（1）：72-73.

61. 梁显平，洪成文. 西方发达国家高等教育社会筹资：经验、特点及趋势［J］. 比较教育研究，2018，40（3）：98-105.

62. 孙玉霞，郭荣智. 当前高等教育经费筹措及其财政对策——基于中印两国的比较分析［J］. 财会研究，2008（19）：10-13.

63. 晏成步. 高等教育筹资渠道多元化：背景、现状与国际经验［J］. 教育与经济，2014（3）：58-65.

64. 陈良焜. 中国高等教育经费来源分析［J］. 教育研究，1994（4）：46-51.

65. 丁小浩. 高等教育财政危机和成本补偿［J］. 高等教育研究，1996（2）.

66. 张安富，黄艾. 美国多元化经费投资体制对我国高等教育经费来源的启示［J］. 黑龙江教育（高教研究与评估版），2005（Z2）：58-60.

67. 吴惠，刘志新. 我国高等教育经费筹措现状及国际比较［J］. 陕西师范大学学报（哲学社会科学版），2010，39（1）：165-169.

68. 徐美娜. 高等教育成本分担理论中国化研究［J］. 山西财经大学学报，2010，13（2）：20-24.

69. 刘晔. 我国经济转型期的高等教育投入模式及优化［J］. 山东理工大学学报：社会科学版，2011，27（3）：17-20.

70. 吴秋凤. 转型时期黑龙江省高等教育投入制度研究［J］. 理论探讨，2008（1）：87-90.

71. 张保庆．中央不同意发行"教育彩票"．http：//news.163.com/07/1221/11/4080DG5E000120GU.html．

72. 刘新丽．我国高等教育投资体制改革的回顾与前瞻［J］．大学教育科学，2010（4）：43－48．

73. 孙慕天，刘玲玲．西方社会转型理论研究的历史和现状［J］．哲学动态，1997（4）：42－47．

74. 杨森．中国社会转型的特殊性分析［J］．甘肃社会科学，2003（1）：47－50．

75. 国家统计局．2010年中国教育经费统计年鉴［R］．北京：中国统计出版社，2011：636．

76. 彭红玉，张应强．20世纪90年代以来我国高等教育规模发展的政策文本与实施效果分析［J］．清华大学教育研究，2007（6）．

77. 魏新，李文利．中国高等教育需求与规模速度研究报告［R］．中国教育与计算机科研网，http：//www.edu.cn/20010827/208587.shtml．

78. 北京大学课题组．关于扩大高等教育规模对短期经济增长作用的研究报告［R］．教育部官方网站，http：//www.edu.cn/zong_he_311/20060323/t20060323_12479.shtml，2001．

79. 李雁争．我国财政收入占GDP比重低于国际水平［N］．上海证券报，2009－05－07（7）．

80. 刘铮，周英峰．改革开放以来我国基础产业和基础设施建设成绩斐然［EB/OL］，中央政府官网，2008－10－30．http：//www.gov.cn/gzdt/2008－10/30/content_1135672.htm．

81. 中国民办高等教育发展概况［J］．大学周刊，2006－05－18．

82. 国家教育发展研究中心．2001年中国教育绿皮书［M］．教育科学出版社，2001．

83. 丁小浩，陈良焜．高等教育扩大招生对经济增长和增加就业的影响分析［J］．教育发展研究，2000（2）：9－14．

84. 丁笑炯．高等教育规模扩张带来的新挑战：OECD国家的经验［J］．教育发展研究，2009，28（11）：7－14．

85. 李立国. 中国如何跨越后发国家高等教育发展困境［J］. 大学教育科学, 2013（4）: 22－30.

86. 阎凤桥, 毛丹. 中国高等教育规模扩张机制分析: 一个制度学的解释［J］. 高等教育研究, 2013, 34（11）: 25－35.

87. 魏珍妮. 土地财政吃紧地方债务警报响起［N］. 中国产经新闻报, 2010－05－19.

88. 三问央企红利上交: 何时上调、怎么调、该咋用［N］. 国际金融报, 2010－10－29.

89. 左林. 求解教育经费之难［N］. 财经, 2010－03－15.

90. 袁蓉君. 世行建议中国大型国企向政府分红［N］. 经济参考报, 2006－02－14.

91. 蔡秀云. 对中国教育费附加的思考［J］. 财政研究, 2006（11）: 32－34.

92. 翟帅. 开征教育税的可行性研究［J］. 山西财经大学学报, 2011, 33（S4）: 11－12.

93. 李锐. 教育费改税是大势所趋［J］. 税收征纳, 2017（1）: 51－52.

94. 李鹏飞, 唐久芳, 胡义芳. 教育税与财政性教育资金投入不足问题的研究［J］. 生产力研究, 2009（9）: 50－51＋100.

95. 余英. 教育税与毕业生税在中国开征的障碍性分析［J］. 地方财政研究, 2011（6）: 19－23.

96. 黄维, 沈红. 论我国开征教育税的不可行性［J］. 湖南商学院学报, 2006（4）: 65－68.

97. 白彦峰. 教育税与中国教育经费的财政投入问题研究［J］. 经济与管理, 2007（10）: 69－73.

98. 商亮. 把教育经费花到最需要的地方: 教育部副部长杜玉波专访［J］. 云南教育, 2014（3）: 31－33.

99. 叶雨婷. 4%保卫战背后的温情［N］. 中国青年报, 2017－09－22（4）.

100. 刘伟文, 熊伟. 税法基础理论［M］. 北京: 北京大学出版社,

2004：25.

101. 肖捷. 国务院关于深化财政转移支付制度改革情况的报告 [EB/OL]. 2016 - 12 - 26. http：//www. mof. gov. cn/zhengwuxinxi/caizhengxinwen/201612/t20161226_2504987. htm.

102. 蒲晓红，徐梓川. 实施社会保险费改税的障碍化解 [J]. 经济理论与经济管理，2013（6）：62.

103. 何凡. 财政大数据透析：民生支出占几成？[EB/OL]. 新华网，2017 - 03 - 05. http：//news. xinhuanet. com/fortune/2017 - 03/05/c_129501708. htm.

104. 刘琳. 增固地方税权 [J]. 财经国家周刊，2014（12）：46.

105. 张晓鸽. 高等教育普及化：2019 年一半适龄青年上大学 [N]. 京华时报，2016 - 04 - 10（4）.

106. 中央政府门户网站. 改革开放以来我国基础产业和基础设施建设成绩斐然 [EB/OL]. http：//www. gov. cn/gzdt/2008 - 10/30/content_1135672. htm，2008 - 10 - 30.

107. 季俊杰，周绣阳. 我国教育投入分量与经济增长关系的实证研究——兼论财政性教育经费增长的必要性 [J]. 现代教育管理，2011（12）：26 - 29.

108. 季俊杰. 转型期高等教育投入个人占比的演进及其合理性分析 [J]. 高等教育研究，2016，37（4）：41 - 49.

109. 秧志强，吴绍春. 中美印日古高等教育投资水平国际比较研究 [J]. 现代教育科学，2010（2）：89.

110. 王福兰，刘荣明. 对我国开征教育税的若干思考 [J]. 国际税收，2013（7）：46 - 49.

111. 冯静. 关于开征教育税的研究 [D]. 陕西师范大学，2006.

112. 敖汀. 我国开征教育税的两难选择 [J]. 吉林省经济管理干部学院学报，2006（6）：12 - 15.

113. 高培勇. 开征地方教育费附加意味着什么？[N]. 经济参考报，2012 - 05 - 03（8）.

114. 刘微. 从国际比较看完普我国义务教育投资体制. 中国教育报，

2001-06-08 (9).

115. 刘林. 国企举办普通学校移交地方工作明年底前将基本完成 [N]. 中国教育报, 2017-08-26 (1).

116. 财政部关于政协十二届全国委员会第五次会议第1901号提案答复的函. 中华人民共和国财政部官网. http://szs.mof.gov.cn/jytafwgk_8391/2017jytafwgk/2017zxwytafwgk/201711/t20171102_2743136.html.

117. 季俊杰. 新形势下如何开拓公共教育经费的新筹资渠道 [J]. 云南师范大学学报（哲学社会科学版）, 2011, 43 (3): 75-80.

118. 乔锦忠. 如何保障2012年实现4%投入目标 [J]. 人民教育, 2010 (9).

119. 马光远. 宏观税负过高挤压民众福利 [N]. 新京报, 2010-9-12.

120. 高培勇. 中国财政政策报告2009/2010 [M]. 中国财政经济出版社, 2010.

121. 李萍. 观点集萃 [N]. 人民日报：海外版, 2010-09-14.

122. 吴家明. 奥巴马再推减税新政 [N]. 证券时报, 2010-09-10.

123. 张茉楠. 中国应实施一揽子减税计划 [N]. 证券时报, 2010-03-08.

124. 庄建. 中国社科院学部委员张卓元：增加公共服务支出 [N]. 光明日报, 2010-08-19.

125. 吴三通. 关于我国基本公共服务的实证研究：财政支出的视角 [J]. 湖南行政学院学报, 2009 (3).

126. 财政部税政司. 2009年税收收入增长的结构性分析 [R].

127. 张牡霞. 去年我国财政收入超68000亿元 [N]. 上海证券报, 2010-02-06.

128. 熊剑锋. 受制财政体制, 教育支出达GDP 4%困难重重 [N]. 第一财经日报, 2010-02-22.

129. 袁连生. 政府教育经费分担体制期待创新 [N]. 中国教育报, 2009-02-25.

130. 骆智冕. 央企红利上调方案或明年实施, 三大悬念待解 [N]. 新快报, 2010-10-29.

131. 胡红伟. 财政部称 09 年国企利润增长 9.8% [N]. 新京报, 2010 - 01 - 20.

132. 李泽明. 央企红利上缴比例提高 5% [N]. 每日经济新闻, 2010 - 01 - 03.

133. 谢旭人: 去年全国土地出让收入 14239 亿专款专用 [EB/OL]. http://finance.sina.com.cn/roll/20100306/14137513386.shtml.

134. 王蕾、卢新海. 土地出让金弥补教育投入不足: 一个新论证 [J]. 改革, 2010 (5).

135. 张哲. 杭州拟每年用 5 亿元土地出让金支持学前教育 [N]. 每日商报, 2010 - 05 - 20.

136. 王运才. 海南 85.5% 上缴土地出让金投向民生 [N]. 新华社每日电讯, 2010 - 10 - 04.

137. Adrian Ziderman. & Alhrecht. Financing Universities in Developing Countries [M]. The Falmer Press, 1995.

138. Banks, Arthur S. Cross - National Time - Series Data Archive [dataset]. Binghamton, NY: Computer Systems Unlimited. 2001.

139. Bowen Howard E. & Lewis Darrell R. Higher Education and Economic Growth [J]. Kluwer Academic Publishers, 1993.

140. D. Bruce. Johnstone. The economics and politics of cost sharing in higher education: comparative perspectives Economics of Education Review 2004, 23 (4).

141. Education, A Statistical Portrait [EB/OL]. http://nces.ed.gov/programs/digest/.

142. Kogan M., Bauer M., Bleiklie I. and Henkel M. (eds.). Transforming Higher Education: A Comparative Study [M]. 2nd edn, Dordrecht: Springer. 2006.

143. National Center of Education Statistics. 120 Years of American.

144. Nces. Digest of American Educational Statistics 2002, http://nces.edu.gov.

145. OECD. Education at a Glance 2016: OECD Indicators [R]. Paris: OECD

Publishing, 2016.

146. Unesco. Education Data and Indication [R]. 2009.

147. Unesco. Global Education Digest 2009: Comparing Education Statistics Across the World [R]. 2012-02-21. From http://www.uis.unesco.org.

148. Unesco, W. B. a. Higher Education in Developing Countries: peril and promise [R]. Washington: World Bank, 2000.

149. World Bank. World development indicators [EB/OL]. 2017-09-15. http://data.worldbank.org/data-catalog/world-development-indicators.

150. Tilak, Jandyhyala B. G. Building Human Capital in East Asia: What Others Can Learn [M]. World Bank, 2002.

后　　记

本书是在我博士后出站报告基础上修改而成的。

本书得以出版，首先感谢我的博士后合作导师王乔教授，从报告开题到最后成书，王乔教授给予了诸多的指导和关心；感谢江西财经大学李春根教授对专著出版予以的支持和鼓励；感谢本书的责任编辑胡博同志，以及经济科学出版社的顾瑞兰女士，他们为本书的编辑出版付出了辛勤的劳动，敬业负责的工作态度令我感动；我所指导的三位硕士研究生李丽娟、李莹和柴诗同学在文献整理方面做了大量富有成效的重要工作；此外，中国海洋大学数学科学学院胡玉洁同学，江西财经大学国际贸易学院汪明辉同学、胡兰同学承担了本书写作的部分文字校对工作，感谢他们的付出。

"始生之物，其形必丑。"转型期高等教育投入结构演进研究具有较强的理论价值和实践借鉴意义，然而由于选题较新，再加上本人学力水平有限，本书在结构安排、文字表达方面还有不少遗憾，数据采集和统计可能也有纰漏之处，敬请专家和读者多批评指正。期待今后有更多的研究者涉足这一领域，并对本书提出宝贵意见，以进一步完善相关理论研究，促进我国高等教育投入结构的优化。"不以无能而不为，不以无功而不善"，笔者将这句话引为本书的铭志。

季俊杰
2019 年 9 月